Rolf Friedrich Schuett

Zur Dialektik und Phänomenologie

der Natur- und Kultur-Idyllen

Philosophische Untersuchungen

zu Arkadia statt Utopia

ROLF FRIEDRICH SCHUETT

ZUR DIALEKTIK UND PHÄNOMENOLOGIE
DER NATUR- UND KULTURIDYLLEN

Philosophische Untersuchungen

zu Arkadia statt Utopia

Books on Demand

Bibliographische Information Der Deutschen
Bibliothek: Die Deutsche Bibliothek verzeichnet diese
Publikation in der Deutschen Nationalbibliographie;
detaillierte bibliographische Daten sind im Internet
abrufbar über **http://dnb.ddb.de**

Herstellung und Verlag :

BoD – Books on Demand, Norderstedt

Gedruckt auf alterungsbeständigem Papier

(holz- und säurefrei)

Umschlaggestaltung : E. L. Schmidt

Printed in Germany

ISBN 978-3-7386-2159-4

Themen und Thesen :

Weltbild, Wunschbild, Schreckbild, Zerrbild

Zarte Idyllen sind harte Satiren auf die Realität,

und Kritik wird immer pastoraler.

„Die Gesellschaft bezahlt nur die Dienste, die sie sieht."
(Stendhal)

Für meine Familie

INHALT

Denkströmungen zur Jahrtausendwende

1.

Die analytische Philosophie des *logischen Empirismus* und die *ordinary language philosophy* der angelsächsischen Welt zerfasern sich zunehmend pragmatistisch bei Goodman, Putnam und Davidson, eine in immer spezielleren Einzeluntersuchungen ohne nennenswerte Innovationen auslaufende wissenschaftstheoretische Bewegung nach Frege, Russell, Wittgenstein, Carnap und Van Quine. Ihre bundesrepublikanische Übernahme durch den rationalen Rekonstrukteur Wolfgang Stegmüller und den logischen Operationalisten Paul Lorenzen war im weiteren nicht recht inspiriert aufgegriffen worden. Und die postanalytische Philosophie der „kritischen Rationalisten" Popper bzw. Albert mit ihrem sozialtechnologischen piecemeal-engineering hat seit längerem keine neueren Impulse mehr freigesetzt und scheint fast ausgereizt. Die meist analytischen Wissenschaftstheorien wollten Naturwissenschaftsphilosophie sein und werden doch nur von Geisteswissenschaftlern ernstgenommen, die von Mathematik und Physik zu wenig verstehen.

2.

Die Phänomenologie des Mathematikers E. Husserl radikalisierte sich in der Folge existenzphilosophisch bei Heidegger, Merleau-Ponty und Sartre oder lief bei Hedwig Conrad-Martius in die quasi-objektivistische Abseitsfalle einer Natur-Ontologie. Heute überlebt die Sachlichkeit der „reduktiven Wesensschau" nur noch zwischen dem affektivistischen Leibessubjektivismus eines Hermann Schmitz und der anti-objektivistischen *Selbstaffektion* eines Michel Henry.

(Die monotheistischen Phänomenologien von Scheler, Lévinas und Henry dürften dabei Einzelfälle bleiben, obwohl Husserl selber ein tief gläubiger Protestant war – allerdings denkbar wenig in seinem Philosophieren.)

3.

Die sozial- und ideologiekritischen Impulse überlebten kaum den weltweiten Zusammenbruch der sozialistischen und kommunistischen Regime. Die *Frankfurter Schule* und auch Ernst Blochs Materialutopismus marginalisierten sich spätestens seit 1989. Nur die linksliberale „Diskursphilosophie" eines J. Habermas genießt noch einen Restrespekt im philosophischen Diskurs, obwohl sie schon etwas ratlos mit dem (deutschen) Papst kommunizieren mußte, weil sie den (von ihr wahrscheinlich mitverursachten) moralischen Verbindlichkeitsschwund der modernen Gesellschaften nicht mehr zu stoppen weiß. (Gadamers *Hermeneutik* blieb philosophisch singulär oder bei Heidegger zu gut aufgehoben.)

4.

Der evolutionistische Radikalkonstruktivismus von Foerster, Maturana e. a. scheint sich im Niemandsland zwischen selbstreferentieller Hirnphysiologie und selbstexplikativer Transzendentalphilosophie zu verlaufen und kann die erkenntnistheoretischen Fragestellungen nur biologistisch bzw. systemtheoretisch verkürzt rekonstruieren wollen.

5.

Die neokonservativen Kulturphilosophen von Cassirer und Ritter bis zu Lübbe, Spaemann, Marquard und Blumenberg finden als methodische Individualisten kaum weiterführende Nachfolger. Der *Transzendental-belletrist* Odo Marquard mag wohl der „geistreichste Philosoph" *(Johannes Gross)* sein, aber allein der Metaphorologe Hans Blumenberg reicht noch an die Reflexionssubtilität Theodor W. Adornos heran: Zwei assimilierte Atheisten und Valéry-Bewunderer, die leider nicht miteinander diskutiert haben.

6.

Die dekonstruktivistische Postmoderne beschränkt sich fast ausschließlich auf Frankreich: Deleuze und Derrida, Lacan und Lyotard, Foucault und Baudrillard. Dieser Poststrukturalismus gegen den vermeintlich allgegenwärtigen „Logozentrismus" steht und fällt wohl mit seinen extravaganten Wortführern und war am Ende eine französische Adaption deutscher Irrationalisten wie Nietzsche und Heidegger, die man besser gleich im Original lesen sollte. Diese pluralistisch angelegten Denkmotive haben sich bereits in den Achtzigerjahren monoman erschöpft. Daran änderte nur sehr wenig der deutsche Reimport einer rundumästhetisierten Pseudo-Rationalität z.b. bei Wolfgang Welsch. Einzeldenker, so wertvolle Beiträge sie auch geliefert und so interessante Akzente sie auch gesetzt haben mögen, bleiben hier unberücksichtigt, wenn sie wenig wirkmächtige Schulbildungen initiiert haben. Kurz: Ist eine philosophische Bewegung bereits mit dem Gesamtwerk ihrer frühen Gründungsväter oder ihrer Hauptvertreter erschöpfend abgeschlossen, oder geht es nach deren Tod erst richtig los mit dem Erschließen neuer Bereiche durch die neuartigen Methoden in eigenständig inspirierten Köpfen? Ist mit dieser inaugurierten Methode noch Relevantes zu tun übrig für intelligente Nachfolger oder nur geistlos mechanische Nutzanwendungen zur Dokto-

11

randenproduktion? Die sechs hier aufgezählten Grund-
richtungen wenigstens erscheinen wie fast erschöpfte
Paradigmen, die allein noch wissenschaftlichen Normal-
betrieb erlauben, ohne aussichtsreichere und viel-
versprechendere neue Konzeptpotentiale sichtbar zu
machen. Ihre Schöpfer haben die volle Kapazität der
methodischen Innovationen schon zu Lebzeiten so gut
wie selber erschöpft in ihren Werken. Bei einigen
Richtungen erstaunt aber, wie früh und wie schnell,
gemessen an dem damit ursprünglich doch verbundenen
Erwartungsüberschwang, die zukunftsträchtigen Ent-
wicklungschancen sich verbraucht zu haben scheinen,
wie z. B. bei der logi(sti)schen Analyse philosophischer
Gedanken oder etwa bei einer kongenialen Fortführung
von Adornos und Blumenbergs Reflexionsniveau, das
mit deren Personen unterging, wie auch Hegel das
Geheimnis seiner dialektischen Virtuosität mit ins Grab
nahm. Niemand hat auf dem Niveau Hegels, Adornos
und Blumenbergs weitermachen können, aber abge-
sehen von Goodman 1951 hat auch niemand Carnaps
großen „Logischen Aufbau der Welt" von 1928 jemals
relevant weiterentwickelt.

+ + +

Spekulatives Denken oder kommunikatives Handeln?

Die gleichsam transzendentalen Bedingungen von Kants transzendentalen Bedingungen der Erfahrbarkeit suchte Hegel im *objektiven Geist* (Sprache, Arbeit, Interaktionen) der Gesellschaft und fand sie erst im „*absoluten Geist*" von Kunst, Religion und spekulativer Philosophie. Habermas sieht in dieser Überhöhung der gesellschaftlichen Konsensbildungen durch metaphysische Instanzen einen Rückfall aus der schon erreichten gesellschaftlichen "Intersubjektivität" in die elitäre Subjektivität klassischer Bewußtseinsphilosophie.

Ein Hegel sah das autonom gesprochene Individuum "überfordert" erstens durch Ansprüche, die Kluft zu externen Erkenntnisobjekten zu überwinden, und zweitens durch Kants universalistische Ethik; es könne die Motive, Folgen und Pflichtenkollisionen seiner prinzipiengeleiteten Handlungen ja gar nicht überblicken und bedürfe dazu der vorgängigen Entlastung durch die eingespielte Kultur intersubjektiven Geistes, der seinerseits noch einer kritischen Kontrollinstanz bedürfe, eines philosophisch rekonstruierten Monotheismus der *einen* Rahmen-Wahrheit — als akkumuliertes Resultat geschichtlicher Lernprozesse.

Man sollte einmal überprüfen, ob die Hegelverständnisse von Jürgen Habermas und Hermann Schmitz letztlich nicht auf Vergleichbares hinauslaufen. Wo Habermas einen *Rückfall* aus der interaktiven Intersubjektivität des objektiven Geistes in die schon überwundene bloße Bewußtseinssubjektivität des absoluten Geistes beklagt, sieht der Phänomenologe Schmitz den Panlogiker Hegel immer wieder zurückfallen aus einer in der "Phänomenologie" schon erreichten *dreipoligen* in die *zweipolige* Dialektik des Satzes, der seinen jeweiligen Gegensatz immer schon in sich hat und auf "sein Anderes" übergreift. Bei der Analyse des Selbstbewußtseins, das jedes fremde Selbstbewußtsein als gleich anerkennen muß, sei ihm die zweipolige Dialektik fraglich geworden: Mein Selbstbewußtsein sei abgesondert von deinem und greife zugleich auf deines über, das seinerseits von meinem ausgeschlossen sei und doch zugleich meines einschließe, also auch mein Dich-einschließen... Wenn ich dich an mir selbst habe, dann auch, *daß* du mich, also auch mein Dich-an-mir-haben, an dir selbst hast etc. Damit diese Struktur sich nun nicht selbst zerstöre, müsse es zwischen deinem und meinem und auch jedem anderen Selbstbewußtsein (derselben Korporation), wobei jedes einzelne Selbstbewußtsein zugleich die ganze Korporation aller sei, einen uns übergreifenden "Solidarbegriff der Vernunft" geben, aus dem Hegel jedoch später immer wieder zurückgefallen sei in die von ihm viel bevorzugtere Denkfigur, daß jeder seinen reinen „Unterschied an ihm selbst" habe und selber „sein Anderes" umgreife, statt daß wir alle noch einmal von einer dritten Vernunft umgriffen würden, die mit jedem von uns zusammenfalle und von der wir zugleich abgesondert existieren. Und vom *absoluten Geist* hält Schmitz natürlich ebenso wenig wie Habermas oder Adorno, der wie noch Michael Theunissen ("Sein und Schein", Frankfurt/M. 1978) im Verhältnis des Selbstbewußtseins zu "seinem Anderen" ein Herrschaftsverhältnis zu einem Objekt kritisiert statt ein Liebesverhältnis zwischen Ego und Alter-Ego gerühmt hatte. Hegel sah in der *Einzelheit* (etwa jedes Staates, der andere Staaten ausschließt und seine eigenen

14

Bürger zugleich einschließt) die Einheit von *Besonderem*
und *Allgemeinem:* Jede (abgesonderte) Besonderheit
greife auf die Allgemeinheit aller anderen über und
schließe sie zugleich ein und aus. (siehe auch *Hermann
Schmitz:* "Hegels Logik", Bonn 1992)

Hegel hätte sich wohl auch kaum begnügt mit naivem
Vertrauen in die demokratische Öffentlichkeitsarbeit von
Bürgerinitiativen und Alternativbewegungen, mit deren
idealtypisch stilisierten Abstimmungsergebnissen ein
Habermas ja durchaus zufrieden scheint. Um dem von
Hegel gefürchteten "Tugendterror" von selbsternannten
Avantgarden vorzubeugen, genügen auch für Habermas
keine vorfindlichen Institutionen und Konventionen,
aber doch Prozeduren, durch die ein Konsens diskurs-
demokratisch zustande gekommen sei. Will oder kann
Habermas nicht sehen, daß gesellschaftliche Verhält-
nisse ungeachtet aller Informationskampagnen und
Dauerdiskurse für die abhängig Beschäftigten stets
umso opaker geworden sind, je transparenter sie sich
gerieren? Mit anderen Worten : Hegel behält gutes
Recht gegen Habermas, wenn er das überforderte
Individuum nicht dem Richterspruch von öffentlichen
"Bedürfnisinterpreten" und ihrer institutionalisierten
Institutionenkritik ausliefert, sondern diese noch einmal
verbindlich vor den Richterstuhl einer "absoluten"
Instanz zitiert, die menschenmöglichste Annäherung an
die Idee einer Gottesperspektive, die leider auch ein
Habermas wie fast alle Denker heute schon "unwieder-
bringlich" verloren gibt, wo doch sie allein allen
potentiellen Demagogen das gute Geschäft verdürbe.
(Jürgen Habermas: "Wahrheit und Rechtfertigung",
Frankfurt/Main 1999, siehe Kapitel 4)

Will oder kann Habermas nicht sehen, daß der intersubjektiv objektive Geist gesellschaftlicher Konsensbildungsprozesse gerade in den proletariatsnahen "Lebenswelten" ebenso deformiert und desinformiert werden kann und auch ständig so überkolonisiert wird wie das einsame Bewußtsein des isolierten Individuums? Und daß die *Volksbewegungen* konditioniert werden, bildet ja nicht die vermeidbare Ausnahme, sondern in aller Regel die schon gar nicht mehr thematisierte Regel. Zutiefst anstößig ist heutigen Ideologen, die sich als Ideologiekritiker aufführen, diese "Überhöhung" intersubjektiver Sozialpragmatik durch den *absoluten Geist* eines (aus Kunstmythologien hervorgewachsenen und auch rational rekonstruierbaren) Ur-Monotheismus der *einen* Wahrheit, die doch nur das strukturelle Rahmenwerk für alle Vernunft- und nicht nur interessengruppengeleiteten individuellen und interaktiven Willensbildungen abgeben will. Ein "nachmetaphysisches Denken" ist einfach ein postreligiöses und a(nti)theistisches Denken, das nicht mehr den "überforderten" Einzelnen, jedoch die Regeln sozialer Spielchen zum einen Maß aller Dinge (v)erklärt.

Die vielleicht klarste Kritik an J. Habermas und den anderen schwerfälligen bürgerlichen *Reformphilosophen* ist ausgerechnet bei einem Proletarier zu lesen: "Das von den Helleren belächelte und bekämpfte Volkswort: "Wir können doch nichts ändern", ist eher weise als dumm. Wer bis zu Ende denkt, kommt zu ähnlichen Resultaten, wie das Volk sie als Erfahrung von Jahrhunderten aufbewahrt hat, ohne noch darüber nachzudenken. Das Volk kann nichts ändern, heute weniger als zu früheren Zeiten, wenn ein kleiner Aufstand mitunter noch sehr praktische Folgen hatte. Heute kann jede Massenbewegung manipuliert werden, und sie wird

16

manipuliert. Wer sich aus allem, was nach Kampagne riecht, heraushält, ... der tut auf seine indirekte, passive Weise mehr in einer Welt, die es darauf angelegt hat, möglichst auch den letzten noch aus seiner privaten Sphäre zu holen ins gesellschaftliche Engagement. Die gelassene Nichtengagiertheit, das ist natürlich ein höchst individuelles Verhalten. In der Tat ist es der reprivatisierte Einzelne, den die etablierten Herrschaftssysteme fürchten und wohl auch zu fürchten haben." *(Horst Lummert:* "kuckuck — kunst literatur kritik", Vierteljahreshefte 1, Berlin 1973, Seite 3)

Wenn aber Hermann Schmitz Recht hat und Hegel aus der *dreipoligen Begriffsdialektik* in aller rätselhaften Inkonsequenz immer wieder zurückgefallen ist auf die *zweipolige Wesensdialektik,* dann reduziert sich, gegen Hegels eigenste Vorliebe für die organischen Kollektive, diese Solidarität des vervielfältigten Selbstbewußtseins immer neu auf mein unendlich in sich reflektiertes Selbstbewußtsein, das bei sich selbst ist nur in deinem Selbstbewußtsein, welches bei sich ist nur in meinem Bei-mir-sein-in-dir... Das Band zwischen zwei selbstbewußt einander entgegengesetzten Subjekten ist dann nichts Drittes in ihnen oder über ihnen, sondern jedes Selbstbewußtsein ist reflexiv über ein jedes entgegengesetzte Fremdbewußtsein mit sich selbst verbunden. Wenn aber nicht mehr die *Einzelheit* des Kollektivs die abgesonderte *Besonderheit* jedes Individuums mit der sozialen *Allgemeinheit* vereint, sondern jedes einzelne Individuum selbst etwas ganz Besonderes ist, welches jedes andere von ihm ausgeschlossene Individuum eines Kollektivs zugleich auch in sich einschließt, dann droht gegen Hegels Grundintention der allgemeine Staat *über* freien Bürgern (als einzelner Staat *unter* freien Staaten) wieder zu zerfallen in viele einzelne Individuen, deren jedes die ganze Last der "besonderen Allgemeinheit" zu tragen hat. (Die "Einzelheit" des organischen "Volksgeistes" unter anderen Volksgeistern verwehrt dabei den Universalismus der praktischen Kant-Vernunft.)

Die „zweipolige" Wesensdialektik, mit der Assoziation vieler antinomischer Zwiespalte zwischen Besonderem und Allgemeinem, bindet schwächer als eine „dreipolige" Begriffsdialektik im systematischen Zusammenhang vernünftiger Schlüsse aus Einzelnem, Besonderem und Allgemeinem. Diese "Reintegration des verdoppelten Selbstbewußtseins" (Hermann Schmitz) vollzieht Hegel gleichsam lieber von jedem Selbstbewußtsein aus, das auf sein anderes übergreift, als von der Einzelheit eines vorgängigen Kollektivs aus, das seine Mitglieder erst aus sich freigeben muß. Letztlich nimmt der staatsfromme Hegel damit die Besonderheit (1. Pol) jedes Einzelnen ernster als die Einzelheit (3. Pol) ihrer Allgem-Einheit. Ich bin das Ganze, und auch du bist das Ganze unserer Welt: Wir beide zusammen bilden ein Ganzes aus zwei entgegensetzbaren Teilen, deren jedes ja schon selber dieses Ganze ist. Das organische Urkollektiv, das sind nicht nur zwei Teile, sondern auch zwei Totalitäten, die einander so begegnen und entgegnen, daß jedes sich nur begreift, indem es das andere umgreift, d. h. jede besondere Ganzheit (Kontinuum) ist eine Einheit potentiell unendlich vieler Ganzheiten von gleicher unendlicher "Mächtigkeit", wie ein Cantor sagen würde. Die individuelle Synthese zwischen freien Individuen ergibt sich aus der Synthese, die jedes schon selber darstellt, damit ihre Vereinigung sich nicht gegen sie verselbständigen kann. Das Individuum ist eine gespannte Einheit von Unvereinbarkeiten und daher begreifbar durch den (aphoristischen) Satz, der seine Gegensätze gar nicht externalisiert hält. Bei aller Präferenz für organische Kollektive hält Hegel jedem individuellen Selbstbewußtsein und seiner ganz antagonistischen Identität die Treue, statt es wie die „Ganzheitsphilosophen" erst aus dem Einzelkollektiv zu explizieren oder zu deduzieren. Vielleicht ist dieses aphoristisch-nominalistische Motiv verantwortlich für das bei Schmitz noch rätselhaft bleibende ständige "Zurückfallen" aus einer widersprüchlichen *kollektiven* Einheit, die Hegel systematisch versteht, in die ebenso widersprüchliche *individuelle* Einheit, auf die er gleichwohl zurückgeht wie auf den Grund. Die Einheit und Ganzheit zwischen mindestens zwei Individuen ist auch für den späteren Hegel nichts Drittes in und über ihnen, sondern identisch mit der *besonderen Allgemeinheit,* die jedes einzelne Individuum unter Individuen schon selber bildet.

Der spätere Hegel fällt nicht zurück hinter die errungene Intersubjektivität der Gesellschaft in die Subjektivität des Einzelbewußtseins, wie Habermas moniert, sondern begreift diese unhintergehbare Einzelsubjektivität *als* ihre *eigene* Intersubjektivität. Bevor das Subjekt auf Objekte trifft, hat es sich immer schon mit anderen Subjekten getroffen und ist von ihnen betroffen.

Der *subjektive Geist* gegenüber seinen vielen Objekten erweise sich geschichtlich als schon in sich intersubjektiv, doch gegen Adorno, Habermas, Schmitz u. a. ist dieser intersubjektive Geist von Sprache, Arbeit und Interaktion noch nicht objektiv genug, um zur Ruhe wohlbegründeter Einigungen zu kommen.

19

Erst unter dem Blick des „selbstoffenbarten" Absoluten, der Idee eines Jenseits intersubjektiver Ideen, kann der menschliche Geist hoffen, die "Wahrheit" von Subjekt-Objekt- und Subjekt-Subjekt-Beziehungen gänzlich zu erfassen.

Diskursdemokratische Konsensrichtigkeit macht die „offenbarte" Transzendenzperspektive offenbar nicht überflüssig, sondern allererst transzendental notwendig, und diese macht jene allererst möglich. — Das von Habermas vehement verteidigte "Projekt der Moderne" ist ein Fortschritt, aber ein Fortschreiten im permanenten Verfall, d. h. ein immer höher in den Himmel sich türmender Berg aus Abfall: Abfall von Gott und vom Gottesgesetz. Das Leben des Einzelnen ist viel zu kurz und das Leben hochkultureller Gesellschaften viel zu lang, um auf lebenslanges Lernen vom Weltschöpfer und vom allmächtigen Kriegsherrn der Geschichte verzichten zu können.

Wenn Habermas das Gespräch mit dem vormaligen Kardinal Ratzinger suchte, um sich der normativen Kraft der Religion zu vergewissern, die gerade von immer atheistischen Philosophien ständig "diskursiv" unterhöhlt wird, entsteht ein grotesker Teufelskreis. Bevor diese Uroboros-Philosophen "religiöse Semantiken diskursiv verflüssigen", sollten sie biblische Schriften erst einmal lesen lernen. Wer von "Sinnpotentialen religiöser Semantik" philosophisch profitieren will und gleichzeitig das kosmo-politische Gottesgesetz zusammen mit jeder onto-theologischen Metaphysik als "substantialistische Vorentscheidung" "unwiederbringlich" überwunden glaubt, der will wie säkulare Mystiker oder wie Heidegger eine Metaphysik ohne Gott, also Religion ohne Religion, also hermeneutisch eine Semantik ohne Sinn und Verstand und Bedeutung.

Vielen Philosophen nach Hegel dämmert langsam, daß sie weder mit noch ohne eine transsoziale Gottesidee auskommen, also schleichen sie um diesen heißen Brei immer wieder herum. Um die Kröte nicht schlucken zu müssen, den Monotheismus der *einen* Grundwahrheit als universaltranszendent(al)e „Bedingung der Möglichkeit" aller volldemokratischen Meinungs- und Willensbildungsdiskurse, reißen sie sich verkürzend heraus, was ihre viel zu kurz greifende Begrifflichkeit nicht sprengt. Die wirklichen *Verabsolutierer* relativer Teilwahrheiten sind die Intimfeinde des *absoluten* Geistes. Vox populi — vox Dei: Habermas legt großen Wert auf Urbedingungen kognitiver und moralischer Lernprozesse, aber das einzige, von dem er außer vom Volk, das er belehren will, lernen könnte, ist dasselbe, was von ihm gar nichts lernen könnte. Intersubjektive Lernprozesse ohne einen „absoluten Lehrer" wären ja PISA-Fiaskos apriori, wenn man nicht von der Natur lernen will, und die universalistischen Menschenrechte ohne universale Gottesrechte hängen im luftleeren Raum schrankenloser Manipulierbarkeiten. Unter ideal(isiert)en Diskursbedingungen versteht Habermas eben nicht die Gottesidee.

Wo die menschliche Gesellschaft in der Geschichte zum Maß aller Dinge gemacht ist, wird der soziale Diskurskonsens zwischen rivalisierenden praktischen und theoretischen Geltungsansprüchen, ohne weitere Einwände von außen, am Ende auf so etwas wie eine Verbrechenslegitimierung oder auf einen tautologischen Unsinn hinauslaufen.

Hegel hebt den *Esprit* der französischen Moralisten und der frühromantischen Ironiker in den *Geist* des deutschsprachigen Idealismus auf. Er kennt keine Naturidyllen, für ihn ist die Natur das Exil der Vernunft. Sein Denken flüchtet eben nicht vor der unwirtlichen Zivilisation in die Arme der Mutter Natur, sondern umgekehrt aus den Fängen einer Rabenmutter Natur in den arbeitsteiligen Dschungel der bürgerlichen Konkurrenzgesellschaft und von dort in die geistige Heimat des *absoluten Wissens*, der Schlußsynthese aus Kunst und Religion, aus Poesie und aus Protestantismus, also einer weltgeschichtlich-lebensgeschichtlich realisierten Logik des Allmächtigen.

Hegel als Idylliker?

"Es muß Schillern das große Verdienst zugestanden werden, die Kantische Subjektivität und Abstraktion des Denkens durchbrochen und den Versuch gewagt zu haben, über sie hinaus die Einheit und Versöhnung denkend als das Wahre zu fassen und künstlerisch zu verwirklichen. Denn Schiller hat bei seinen ästhetischen Betrachtungen nicht nur an der Kunst und ihrem Interesse, unbekümmert um das Verhältnis zur eigentlichen Philosophie festgehalten, sondern er hat sein Interesse des Kunstschönen mit den philosophischen Prinzipien verglichen..." (G. W. F. Hegel: "Ästhetik", Berlin 1984, Bd. l, S. 69)

"Ein Geßnerischer Hirte z.B. kann uns nicht als Natur, nicht durch Wahrheit der Nachahmung entzücken, denn dazu ist er ein zu ideales Wesen; ebenso wenig kann er uns als ein Ideal durch das Unendlichkeit des Gedankens befriedigen, denn dazu ist er ein zu dürftiges Geschöpf... Weil er ...weder ganz Natur noch ganz Ideal ist, so kann er eben deswegen vor dem strengen Geschmack nicht ganz bestehen, der in ästhetischen Dingen nichts Halbes verzeihen kann... "
(Friedrich Schiller: "Über naive und sentimentalische Dichtung", Stuttgart 1989, S. 71)

Die Hirtenidylliker "können nur dem kranken Gemüte *Heilung,* dem gesunden keine *Nahrung* geben; sie können nicht beleben, nur besänftigen." (a.a.O., S. 69) — Der wahre Idylliker "verschmähe den unwürdigen Ausweg, den Gehalt des Ideals zu verschlechtern, um es der menschlichen Bedürftigkeit anzupassen, und den Geist auszuschließen, um mit dem Herzen ein leichteres Spiel zu haben. Er führe uns nicht rückwärts in unsere Kindheit, um uns mit den kostbarsten Erwerbungen des Verstandes eine Ruhe erkaufen zu lassen, die nicht länger dauern kann als der Schlaf unserer Geisteskräfte, sondern führe uns vorwärts zu unserer Mündigkeit, um uns die höhere Harmonie zu empfinden zu geben, die den Kämpfer belohnt, die den Überwinder beglückt. Er mache uns die Aufgabe einer Idylle, welche jene Hirtenunschuld auch in Subjekten der Kultur und unter den Bedingungen des rüstigsten, feurigsten Lebens, des ausgebreitetsten Denkens, der raffiniertesten Kunst, der höchsten gesellschaftlichen Verfeinerung ausführt, welche, mit einem Wort, den Menschen, der nun einmal nicht mehr nach *Arkadien* zurück kann, bis nach *Elysium* führt.

Der Begriff dieser Idylle ist der Begriff eines völlig aufgelösten Kampfes, sowohl in dem einzelnen Menschen als in der Gesellschaft,... das Ideal der Schönheit, auf das wirkliche Leben angewendet. Ihr Charakter besteht also darin, daß *aller Gegensatz der Wirklichkeit mit dem Ideale,* der den Stoff zu der satirischen und elegischen Dichtung gegeben hatte, vollkommen aufgehoben sei... *Ruhe* wäre also der herrschende Eindruck dieser Dichtungsart, aber Ruhe der Vollendung, nicht der Trägheit: eine Ruhe, die ... aus der Fülle, nicht aus der Leerheit fließt und von dem Gefühl eines unendlichen Vermögens begleitet wird. ... Die höchste Einheit muß sein, aber sie darf der Mannigfaltigkeit nichts nehmen... Die Auflösung dieser Frage ist es eigentlich, was die Theorie der Idylle zu leisten hat." (S. 73 ff.) "Die Natur macht ihn (i. e. den Menschen) mit sich eins, die Kunst trennt und entzweit ihn, durch das Ideal kehrt er zur Einheit zurück." (a. a. O., S. 33) Und wie die Idealisten Kant und Hegel geht Schiller davon aus, "daß das Ziel, zu welchem der Mensch durch Kultur *strebt,* demjenigen, welches er durch Natur *erreicht,* unendlich vorzuziehen ist." (a.a.O., 33)

Nach so vielfältigen Interpretationsbemühungen seit fast zwei Jahrhunderten könnte forschungsstrategisch immer noch ein Ansatz aussichtsreich sein, der ausgerechnet jenen Teil des hegelschen Denkens betrifft, welcher nicht Teile, sondern das "Ganze" erfassen will. Dieser totale Systemanspruch, wofern er nicht ohnehin als totalitärer Zugriff auf alle und jeden begriffen wird, gilt als das heute am meisten Veraltete in dieser Dialektik. Nach der grundlegenden Kritik von Bloch bis Adorno ist kaum etwas am "dialektischen Dreischritt" so in Verruf geraten wie der jeweils dritte Schritt in die

Konfliktlösungen. Die endgültige "Synthesis" sei lediglich eine "voreilige Versöhnung" gesellschaftlich realer wie geistig gespiegelter Widersprüche, deren "Aufhebung" bestenfalls ein nur utopisches Desiderat und vor allem keine preußendeutsche Realität vorstellen könne. "Es ist vollbracht", dachte Hegel um 1800, und alle Welt lacht bis heute darüber. Diese Synthese aller Synthesen zum wissenschaftlichen und gesellschaftlichen System, die Versöhnung aller Gegensätze und Konfliktparteien, stehe ja immer noch aus und sei keine Sache bloßer "Er-Innerung", meint die ernst zu nehmende Kritik. Anders gesagt: Hegel habe das geglückte große Ganze, das im günstigsten Falle nur als eine kosmopolitische Utopie zu projizieren sei, als preußische Idylle faktisch unterstellt und ideologisch erschlichen.

Nun wurde der Mensch aus dem Garten Eden, dem "Park der Tiere", wohl kaum vertrieben, um nur diesen (bo)russischen Himmel auf Erden zu gründen, aber mit Schiller gesprochen, zeichnete Hegel den Weg nach vom arkadischen Naturidyll zum geistigen Elysium einer Versöhnung von Natur und Kultur. "Das Wahre ist das Ganze", und diese wahre Einheit und Ganzheit ist in Hegels System weniger romantisch ersehnt oder auch utopisch antizipiert als vielmehr immer schon geistesidyllisch vollbracht gedacht. Durch allen "organisierten Widerspruchsgeist" hindurch trifft sich hier der naturfremde Systemidylliker Hegel mit dem systemfremden Naturidylliker Goethe: "Alle kunstreichen idyllischen Darstellungen erwerben sich deshalb die größte Gunst, weil menschlich natürliche, erfreuliche Lebensumstände einfach wahrhaft vorgetragen werden, freilich abgesondert von allem Lästigen, Unreinen, Widerwärtigen, worin wir sie auf Erden gehüllt sehen." ("Wilhelm

25

Tischbeins Idyllen", IV) Laut Hegel hat ein arkadisch "unmittelbares Sein" jenes Negative eben noch vor sich, welches ein kultiviertes Staatselysium bereits glücklich hinter sich habe.

Das zyklische Jahreszeitendenken aller Idylliker ist „gut aufgehoben" in Hegels zur Ruhe gekommenem "Kreis von Kreisen". Da jede Synthese - außer der Schlußsynthesis aller bisherigen Synthesen - jeweils wieder zur Ausgangsthese neuer antithetischer Selbstüberschreitungen herabsinkt, wird auch jedes geschichtlich erreichte, vermeintliche und vorgebliche Elysium eine labile Scheinidylle, die es gar nicht bei sich selber aushält, sich als Pseudo-Idylle erweist und an ihren anti-idyllischen Selbstwidersprüchen stets zu Grunde geht, um nun einer neuen Idylle auf höherer Ebene Platz zu machen - "immer reicher und konkreter". Die wahre Schlußidylle, die alle Anti-idyllen und passageren Scheinidyllen in sich "aufgehoben", also zerstört, geschützt und potenziert hat, ist ein sehr sanftes happy end, ein quasiräumliches "Pantheon der Geister", ein Vernunftelysium, das auf kein griechisches Arkadien mehr regredieren kann, weil es gar keinen *genius loci terribilis* mehr birgt.

Jede vorläufige Idylle "hat ihr eigenes Anderes immer an sich", wie Hegel sagt, treibt diese Anti-idylle ganz aus sich heraus und wird dann eine um ihr anti-idyllisches Potential nicht nur sehr geschwächte, sondern auch bereicherte Idylle auf der nächsthöheren Metastufe. Die Idylle hat die Satire, aber diese auch jene immer in sich selbst und treibt sie nun ganz hervor. Eine anti-idyllisch immunisierte und gestärkte Idyllik ist gleichsam idyllischer als eine noch niemals beirrte und herausgeforderte. Von Idyllen durch Satiren zu Idyllen, nicht von Satiren über Idyllen zu Satiren gehe der geistige Weg. Der himmlische Frieden vollendet gleichsam den vorgeburtlichen im Mutterleib. Hegel verspottete Geßners bukolische "Idyllen" (1756), welche die "tiefbewegte Welt nur ignorieren", und pries Goethes bürgerliches Idyllenepos "Hermann und Dorothea" (1797) wie Schiller als "vollendetes Musterbild" moderner Epik.

Hegels "Synthesis" ist eine "Wiederherstellung der ersten Unbestimmtheit" ("Wissenschaft der Logik", § 569) auf einer begriffsbestimmteren Ebene. Geßners nur "unbestimmt duftige Allgemeinheiten" (Jean Paul) werden in Hegels dialektischem "Kreis von Kreisen" "immer reicher und konkreter". Die Geschichte geht weiter, doch die sich bescheidenden Idylliker erleben ihre Befriedigung nur um den Preis der Beschränktheit ihrer unbefriedigten Zeiten und Verhältnisse. Der Harmoniker Goethe rühmte diese belohnte Selbstentsagung. Enden Hegels *Totalisierungen* nur im Totalitarismus?

Die "idyllistische" Interpretation des hegelschen Gesamtsystems genießt den Vorzug, beide Extreme gütlich vereinigen zu können, die ernst genommene Versöhnungsphilosophie einerseits und die später einsetzende Kritik an ihrem historischen Vollendungsanspruch andererseits. Der wahre Idylliker findet seine volle Befriedigung ja in Verhältnissen, die objektiv mehr als unbefriedigend sein mögen. Er erlebt dort schon die Vollendung, wo nur ein geschichtliches Provisorium erreicht ist, und lebt dort bereits in Ewigkeit, wo für Spätergeborene bloße Endlosigkeit des Immergleichen herrscht. Für ihn an seinem Ort steht die Zeit still, ist alle Geschichte gut "aufgehoben".

Innere Widersprüche, sofern noch diagnostizierbar, sind nicht mehr stark genug, ihm noch Beine zu machen, und der "Krankheitsgewinn" überwiegt deutlich den restlichen "Leidensdruck". Unsere "idyllizistische" Rekonstruktion von Hegels System der Logik, Naturphilosophie und Geisteswissenschaft kann sowohl dessen Ganzheitsanspruch retten als auch die triftige Kritik an seiner Verwechslung mit dem vollendeten Ende aller Weltgeschichte. Das ist mehr, als manche Hegel-Exegeten sonst leisten. Die ruhige Selbstaufhebung der unruhigen Geschichtsbewegung im philosophischen Biedermeier ohne alle revolutionären Zukunftspläne macht aus jeder Not eine Tugend. Kurzum: Hegels System ist endlich selber jene zeitlose Idylle, die sie als prähistorisch verachtet, aber sie bildet eben kein ahistorisches Naturidyll, sondern ein posthistorisches Kulturidyll. *Daß es -* mit Schiller gesprochen - eher auf ein geistiges Elysium als auf ein naturnahes Arkadien spekuliert, ist ihm seither von materialistischer bis marxistischer Seite immer neu vorgehalten worden. Hegels End-Elysium ist gleichsam die rationale Idylle, welche die Satiren auf alle Scheinidyllen schon ganz hinter sich und das Naturarkadien in sich "gut aufgehoben" hat. Kulturidyllen erzeugen keine Naturidyllen und werden von ihnen auch nicht erzeugt. Hegels Systemanspruch hatte sich dann bald weltgeschichtlich selber als eine jener bloß partikularen Teillösungen erwiesen, die er alle schlußintegriert wissen wollte. Nicht die Groß-Utopie, sondern die empirische Geschichte ist darüber hinweggegangen.

Die allumfassende Einheitswissenschaft war nicht viel weniger partikular als jeder Genius *loci amoeni* durch viele *loci terribiles* hindurch. Hier und dort mögen besondere Schlußsynthesen auch weiterhin ebenso möglich bleiben wie abgesonderte Inseln der (Arm-)Seligen. Hegels schrankenlose Schlußsynthese als eine freiwillig beschränkte Geistesidylle zu deuten, mag als ein fruchtbares Interpretament interpretiert werden.

Hegels "Logik" entwickelt nach eigenem Bekunden die "Gedanken Gottes *vor* der Schöpfung". Die "Entscheidung" der Logik *für* die freie Natur sei der Hervorgang der Schöpfung aus dem Schöpfer — und nicht aus seinem Ebenbild, wie die Kritiker meist fälschlich monieren. Ihre Versöhnung bewirke der Geist Gottes, an der jeder Menschenwitz ja nur teilhabe. Es gehört laut Hegel zu dem logischen Gedanken selbst, etwas "ganz anderes" als bloß logische Gedanken hervorzubringen, d.h. nicht sein Ebenbild, wie heutige Interpreten kritisieren, sondern der Schöpfer selbst, den moderne Kritiker schlichtweg leugnen, kreiert hier einen logisch geordneten Kosmos.

Die "Wissenschaft der Logik" schließt kryptisch: "Indem die Idee sich nämlich als absolute Einheit des reinen Begriffs und seiner Realität setzt, somit in die Unmittelbarkeit des *Seins* zusammennimmt, so ist sie als die Totalität in dieser Form — *Natur.* Diese Bestimmung ist aber nicht ein *Gewordensein und Übergang,* wie (nach oben) der subjektive Begriff in seiner Totalität zur Objektivität, auch der subjektive Zweck zum Leben wird ... Das Übergehen ist also hier vielmehr so zu fassen, daß die Idee sich selbst *frei entläßt,* ihrer absolut sicher und in sich ruhend ... die ohne Subjektivität seiende *Äußerlichkeit des Raums und der Zeit."*

In Hegels "Enzyklopädie" (§ 244) faßt der "logische Schluß" einen nicht mehr logischen Entschluß : "Die absolute Freiheit der Idee aber ist, daß sie nicht bloß ins *Leben* übergeht, noch als *endliches Erkennen* dasselbe in sich *scheinen* läßt, sondern in der absoluten Wahrheit ihrer selbst sich ent-schließt,... die *unmittelbare Idee* als ihren Widerschein, sich als *Natur* frei aus sich zu entlassen." Warum beginnt der § 245 *außer*logisch mit einer nur ausführlicheren Wiederholung dessen, was die § 194-212 schon *inner*-logisch abgehandelt hatten an physikalischem Mechanismus, an Chemismus und einem organischen Teleologismus?

Diese *freie Entlassung* der Natur aus der Logik dürfte ja gar nicht mehr passieren, wie Rüdiger Bubner in "Die Sache der Dialektik" (Stuttgart 1980) gezeigt hatte, denn schon innerhalb der Logik war diese Natur aus dem *subjektiven Begriff* (Begriff, Urteil, Schluß) hervorgegangen und in der "absoluten Idee" aufgehoben worden. Wie kann das bereits in der "absoluten Idee" gut aufgehobene "Anderssein des Geistes", also der "Mechanismus", "Chemismus" und "Teleologismus" der Natur, plötzlich wieder aus dieser absoluten Idee "frei entlassen" werden, um dann in den "absoluten Geist" noch ein weiteres Mal „aufgehoben" zu werden? Und warum "entläßt" der "absolute Geist" in Kunst, Religion und Philosophie nicht wie vorher der innerlogisch "subjektive Begriff und die "absolute Idee" ein dialektisch drittes Mal diese raumzeitlich objektive Natur? Haben die Kritiker nicht Recht, wenn sie anmerken, daß die "Philosophie des Geistes" sich in einem dritten Schritt noch einmal in der Praxis so zu realisieren hätte, wie die Idee sich in der Exil-Natur immer schon entfremdet realisiert habe?

Diese Realisierung der Geistesphilosophie nach dem Bilde der Verwirklichung der Idee in der Natur hat später Karl Marx historisch-materialistisch nachzuholen versucht. Entweder dürfte die Idee sich in der Natur, die sie schon in sich aufgehoben hatte, nicht noch einmal realisieren oder auch die *Geistesphilosophie*, die schon die wahren Begriffe von Kunst, Religion und Sittlichkeit ganz in sich aufgehoben hatte, müßte sich in künftiger Praxis realisieren, wie es seit den Junghegelianern gefordert worden war.

Arkadien geht, über das Elysium vermittelt, in dieses Arkadien zurück, die idyllische Regression bedient sich der progressiven Anti-Idyllik, und nicht umgekehrt steht die Regression im Dienste des Fortschritts. Der Geist rekapituliert lediglich, was die "Idee als Einheit von Begriff und Realität" bereits geleistet hatte, und der Übergang der Logik in Natur wiederholt nur, was der Übergang des disjunktiven "Schlusses der Notwendigkeit" in eine natürliche Objektivität schon bewirkt hatte. Die Naturphilosophie außerhalb der Logik war als "Objektivität" schon innerhalb der Logik entlassen *und* aufgehoben worden, und die Philosophie des Geistes als Einheit von Logik und Natur war bereits innerhalb der Logik als "Idee" antizipiert gewesen. Der postlogisch "absolute Geist" von Kunst, Religion und Philosophie dürfte logischerweise eigentlich gar nicht mehr wiederholen, was die innerlogisch *absolute Idee* doch längst weggearbeitet hatte. Auch der außerlogische "Übergang" von der Natur zum Geist leistet prinzipiell dann nicht mehr als die innerlogische Aufhebung des Natur-"Objekts" in die synthetische "Idee".

Die formale Logik ist normale Idyllik, weil sie ungestört ist von jeglicher Realität, und das Physische ist das Idyllische, wenn es Gottgeschaffenes von menschlichen Machenschaften freihält, aber Hegel sieht das ganz anders. Der Geist als Versöhnung von Logikern und Physikern sei idyllisch, sofern er alle denkbaren Konflikte und Gegensätze ganz in sich aufgehoben habe.

Der hegelianische Bildungsidylliker lebt im Einverständnis mit dem schlechten Bestehenden, als wäre es der Himmel auf Erden, als wäre das Wirkliche schon vernünftig und die Vernunft schon realisiert. Die Personalunion und friedliche Koexistenz von Logiker und Physiker im Geistesphilosophen ist rational bereits vorgezeichnet im logischen Schluß auf reale Objekte. (Zu beachten bleibt, daß die praktische Philosophie mit Recht und Moral und Geschichte enzyklopädisch erst in der Schlußsynthese von Logik und Naturphilosophie auftaucht.)

Die Natur, zu der die Logik sich frei *"entschließt"*, ist in der "Enzyklopädie" differenzierter gezeichnet als die "Objektivität", auf die innerlogisch *geschlossen* wird. Aber erst die Natur, zu welcher der "absolute Geist" der Philosophie sich *entschließen* würde, wäre wirklich nicht länger nur eine vernünftige Realität und realisierte Vernunft, sondern würde auch die Naturgesetze umfassen, denen die "faule Existenz" aller "Krugschen Gänsefedern" noch unterworfen ist. Diesen dritten Schritt der endgültigen Naturfreigabe hat Hegel nicht mehr getan; der Geist auf der Stufe der Philosophie habe die Natur mit allen Differenzierungen ja in sich aufgehoben und müsse sie nicht erneut *freilassen* in ihre Kontingenzen.

Die noch recht grobe innerlogische Vorzeichnung der naturphilosophischen Befunde enthielt nur erst ein formales „Außereinander" von selbständigen Größen, deren geistiger Vereinigungspunkt außerhalb von ihnen liege und die durch „chemische Prozesse" ineinander verwandelt und allein durch äußere subjektive Zwecksetzungen, die natürliche Rohstoffe ge- und verbrauchen, zusätzlich noch humanisiert werden können.

Hegels Naturphilosophie aber kann auch lediglich noch explizieren, was die dialektische Logik schon vorskizziert hatte, kann diese also gar nicht mehr verlassen, am wenigsten dort, wo sie unlogische, außerlogische oder antilogische Bestimmungen entwickelt wie in einer arkadischen Idealnatur.

Arkadien ist gleichsam eine unmittelbare Idee von der Unmittelbarkeit des gottgeschaffenen Seins und hat die Kulturvermittlungen geschichtlich noch vor sich, die das philosophische Elysium im sabbatarischen Gesichts-"Kreis von Kreisen" schon hinter sich hat. Und beide stellen sie Idyllen dar, die eine ein ideales Naturidyll, die andere ein real(isiert)es Bildungsidyll.

Ein Geist, der alles - samt seiner selbst - integriert und komprimiert, kann weder von innen noch auch von außen beirrt und bedroht, verstört oder gar zerstört werden. Er hat sich aus allen Konflikten in das einfache Leben wie in die heile Welt der ganz besonderen All-Gemeinheit zurückgenommen und die äußeren Differenzen zu eigenen Selbstdifferenzierungen ermäßigt. Ist das nicht der elysische Genius loci amoeni einer enzyklopädischen Bibliothek philosophischer Werke?

Der Ästhetiker "Sulzer rühmt bei der näheren Betrachtung Geßners besonders die Vereinigung von Idealität und Natürlichkeit." (*R. Böschenstein-Schäfer*: "Idylle", Stuttgart 1977, S. 86) Hegel übertrug die Idylle der "kleinen Gesellschaften", die ohne "Gewalt der großen Staatsräder" (Jean Paul) auskommt, auf die ganze Staatsidylle. Allerdings verschwindet ihm darin die idyllische Kategorie des zierlich Kleinen und Geringfügigen allzu schnell als das wesenlos Nichtige im großen Ganzen. Das geschichtliche Nacheinander der Staatsaktionen verdrängt für ihn das schiedlich friedliche Nebeneinander aller Naturdinge. Idyllische Schönheit bleibt ein "sinnlicher Schein" der ideellen Einheit von Begriff und Realität, doch geistige Tätigkeit war nie idyllenfremd. Schillers "regulative Idee" des Elysischen berührt sich mit Hegels Kunstbegriff vom natürlichen Vorschein der Idee, die ihr Recht nur behält als ein "Bild der Versöhnung" (Gerhart Kaiser: "Wandrer und Idylle", Göttingen 1977). Sengle schreibt in seiner "Biedermeierzeit" (Stuttgart 1972): "In der Verneinung des Harmonie-Ideals liegt der tiefste Grund für die moderne Abneigung gegen die Idylle" — und gegen Hegels System oder die "prästabilierte Harmonie der besten aller möglichen Welten", die sich die aufgeklärte Moderne als ideologieverdächtig verbieten zu müssen glaubt.

Nicht im Jenseits oder Nirgendwo: "Hier ist Arkadien, vor Dir, um Dich, es sei nur in Dir!", sagte Herder. Goethes Idyllenbegriff thematisiert eine die geschichtliche Naturbeherrschung noch umfassende Allnatur, obwohl Heinrich Fausts Utopismus Idyllen zerstört, die angenehme Stadtgesinnung mit reizendem Landleben verbinden.

Keine Helden erobern mehr die Welt. Hegels "Ästhetik" erkannte: "Die epische Darstellung hat sich deshalb aus den großen Völkerereignissen in die Beschränktheit privater häuslicher Zustände auf dem Lande und in der kleinen Stadt geflüchtet" und findet hier noch zuweilen Jean Pauls "Vollglück in der Beschränkung" oder auch nur philiströses Winkelbehagen. "Das geschichtslose Idyll, das Dasein nach ewigen Gesetzen, der vollendete Zustand" (Fr. Strich) ist statisch natureinsam und autark : edle Einfalt, stille Miniatur, eine weltflüchtige Übersubjektivierung der Welt im haltgebenden Objektkult der Petitessen, eine sentimentalische Wiederherstellung naiver Naturnähe unter Reflexionsbedingungen, also ein konventioneller Rahmen für die sanften Gemütsbewegungen und hohen Gedankenflüge zugleich, eine kunstvolle Inszenierung naturunmittelbarer Zustände. Das Genre entwickelte sich von wunschlandschaftlichen über (pfarr)häusliche zu nur noch innerseelischen "Lustorten" ungestörter Kontemplation.

"Die idyllische Tendenz verbreitet sich unendlich. Das Charakterlose der Geßnerschen, bei großer Anmut und kindlicher Herzlichkeit," irritierte den Idyllenfreund Goethe ("Dichtung und Wahrheit", Teil II/7) und langweilte Hegel als zu "fromm und zahm". Doch Hegel bewunderte "Hermann und Dorothea", Goethes geschichtsträchtiges "Welttheater aus einem kleinen Spiegel", ebenso wie Schiller, der diese Idylle als den Höhepunkt der klassischen und potentiell volkstümlichen Kunst feierte, neben dem "Werther" Goethes Ruhmestitel bei den Zeitgenossen.

"Der Mensch darf nicht in solcher idyllischen Geistes-armut leben, sondern er muß arbeiten." ("Ästhetik", Berlin 1984, Bd. l, S. 255) Hegel ersetzt diese faule Geistesarmut durch geistreiche Weltidyllen nach der "Anstrengung des Begriffs". Sein Staat, der keine geschützten Freiräume vor dem Kollektiv gewährt, erklärt sich selbst zum volksgeistigen Idyll und verbindet mit der Idylle die Abwehr aller schwarmgeistigen Zukunftsutopien. Die Idealisten wollen nicht in faulen Schäfer-Nischen nur gedankenreiche und tatenarme Muße pflegen voller Seelenfreundschaften und seliger Naturanbetung: "Auch Kant und Hegel und anderen schien das hohe Ziel gesellschaftlicher Versöhnung von den Schäfern unter Preis verschleudert." (*Helmut J. Schneider*: "Idyllen der Deutschen", Die sanfte Utopie, Frankfurt/M 1978, 371) Das homöostatische Wissens-system, das die arkadischen Hirten und die katholischen Mönche verhöhnte, wollte einfach das bessere Idyll sein.

Nach seiner Hochzeit schrieb Hegel: "Das Allgemeine ist daher die freie Macht; es ist es selbst und greift über ein Anderes über; aber nicht als ein Gewaltsames, sondern das vielmehr in demselben ruhig und bei sich ist ... so könnte es auch die *freie Liebe* und und *schrankenlose Seligkeit* genannt werden, denn es ist ein Verhalten seiner zu dem Unterschiedenen nur als zu sich selbst; in dem selben ist es zu sich selbst zurückgekehrt." - Die Urform jeder Dialektik war für den jungen Hegel das "System der Liebe", die über das "Leben" zum "System des Geistes" mutierte: "Das wahrhafte Wesen der Liebe besteht darin, das Bewußt-sein seiner selbst aufzugeben, sich in einem anderen Selbst zu vergessen, doch in diesem Vergehen und

Vergessen sich erst selbst zu haben und zu besitzen."

Das Glück gehöre nicht zur Bestimmung seines Lebens, schrieb Hegel seiner darüber ernstlich verstimmten jungen Braut, die unglücklich war, daß er ihr überhaupt nicht zutraute, ihn glücklich zu machen. Es wurde im übrigen eine glückliche Ehe, und Hegel wurde Idylliker wider Willen und wider schlechterem Wissen. Und Glück gehöre zu den *leeren Blättern* nicht nur seiner Lebensgeschichte, sondern auch der Weltgeschichte, heißt es in Hegels geschichtsphilosophischen Vorlesungen. Das finale System des "absoluten Geistes" in Kunst, Religion und Philosophie spricht allerdings - ebenso wie seine Ehe - eine ganz andere Sprache, als handele es sich auch dort um eine "List der Vernunft", die sich alles Negativen nur bediene, um ruhig und zufrieden ewig in sich selbst zu kreisen.

Adorno kritisiert in Hegels Begriff des "übergreifenden Begriffs" die Zweideutigkeit des *Übergreifens,* welches den umfassenden Umfang des Begriffs mit vermeintlich gewalttätigen *Übergriffen* auf die unverkürzte Integrität der darunter fallenden Objekte vereinigt, als würde jedes Abstrahieren auf Lug und Trug hinauslaufen. Aber das Subjekt steht im "übergreifenden Allgemeinen" nicht nur Objekten, sondern auch anderen Subjekten gegenüber, wodurch *das* Andere *der* Andere wird. Alle gleich: jeder anders. Ich mache mir meinen Begriff von dir und greife zugleich auf dich über, sofern ich ein Subjekt wie du bin und doch ein anderes. Aber du selbst machst dir ebenso deinen Begriff von mir und von meinem Begriff von dir-und-deinem-Begriff ... etc. — Jeder von uns beiden ist in ein und derselben Bewegung ein vom anderen abgesondertes und den anderen zugleich umgreifendes Ganzes seiner Bestandteile und Urteile, aber das Ganze, welches uns beide gleichsam als Drittes verbindet, ist es größer als jede einzelne Ganzheit, die es vereinigt? Jeder Einzelne ist ja schon selber seine Einheit mit dem jeweiligen Gegenüber, der ihm nicht nur als bloßer Gegenstand gegenübersteht, sondern auch widerspricht und seinerseits die Einheit mit seinem Widersacher in sich begreift. Will man Schmitz glauben, ist Hegel von der „dreipoligen Dialektik" der übergreifenden Staatsvernunft immer wieder selbst inkonsequent zurückgefallen in die zweipolige Dialektik der romantisch zerrissenen Ironie von Einsetzen und Absetzen. Adorno allerdings folgt ihm weder in die dreipolig "übergreifende" Solidarvernunft, die später ein Habermas entstaatlichen und an Konsensgruppen zurückerstatten wird, noch in die ständigen Rückfälle zu der zweipolig frühromantischen Ironie von Selbstschöpfung und Selbstaufhebung, die in Kierkegaards nur zweipoliger "Existenzialtheologie" dann wieder aufgelebt war. Adornos Frühschrift über "Kierkegaard. Konstruktion des Ästhetischen" (1933) kritisiert Kierkegaard, ohne Hegel deshalb wieder Recht zu geben. Adorno zeigt, wie die objektiven Tatsachen, die Kierkegaards entfremdete Subjektivität des Einzelnen ausblende, hinterrücks und unverarbeitet verdinglicht in diese vermeintlich reine Subjektivität zurückschlagen. Das entfremdete Subjekt erreiche nur einen Pyrrhussieg über die abgewiesene Objektivität, es bleibe besessen und okkupiert von allen verdrängten Fremdfakten, die aus dieser Verdrängung heraus zurückwirken wie neurotische Symptome. Hegels „Allgemeinheit" hebe nie das Einzelne, sondern nur die Kategorie der existenziellen Einzelheit selbst in sich auf. Adorno folgt aber nicht den Existenzphilosophen, die der frühromantischen

Ironie folgen, auf deren einseitige Subjektivität, aus allen willkürlichen Selbstbestimmungen sich auch stets ebenso willkürlich wieder selbst zurücknehmen zu können, sein Intimfeind Hegel immer neu zurückgefallen war, wenn er sie in die übergreifende Subjektivität der Staatsraison auffangen und rationalistisch entschärfen wollte wie noch später Sartre in seinen *Retotalisierungen* der sich 1943 stets detotalisierenden Individuen, bis hin zu den "kleinen Särgen" der Freiheit in der großen "Critique de la raison dialectique" von 1960.

Auch die durchmathematisierte Logik interpretiert den Begriff bevorzugt extensional als "Begriffsumfang", also als bloße Klasse oder Menge seiner Objekte, gleichgültig, ob diese Objektmenge nun auch der Umfang eines anderen Begriffs sein kann. Steckt darin nicht auch ein „Übergriff" der doch formalen Logik auf die darunter fallenden realen Gegenstände, wenn ein Begriff, unabhängig von seinem intensionalen Inhalt, nur begriffen wird als Menge seiner Objekte, die er subsumiert? Ist formale Logik auch eine Identitätsphilosophie, die jeden Begriff nur extensional begreift, d.h. ihn identifiziert mit der Menge der zu ihm gehörigen Objekte?

Soziales und Spirituales verhalten sich so wie messerscharfe Gefühle und kuschelweiche Gedanken. Umgekehrt verhalten sich die Sentenzenschleifer zu Idyllenmalern wie harte Gedanken zu zarten Gefühlen, wie die Effekt- und Affekthascher, wie heller Witz zu warmem Humor, das eine verhöhnend, das andere versöhnend. Man macht sich von manchem ein Bild oder einen Begriff: *Aphorismos oder Eidyllion* (dahinter stecken de-finitio und idea), beide sind geistige Kurzwaren, kleine, entrückende und auch selbständige Bildchen, spannende Schreck- oder lösende Wunschbilder, wilder oder milder bewegt, abgerissen und hinreißend. Das eine steht der Philosophie näher und überrascht uns schneidend, das andere der Malerei und beruhigt uns schmelzend: der Aphoristiker schlägt da blitzend ein, der Idylliker strahlt schimmernd aus - lauter Blitzschlag oder leiser Wellenschlag. Der eine stutzt und schlägt und siegt, der andere stützt und trägt und wiegt. Der eine trennt und stört, der andere eint und strömt - unterbrechende Schnellkraft und umgreifender Stillstand, betreffend oder einbettend, beschießend oder ergießend. Beide bilden partikulare Sprachinseln in vermarginalisierten *Sprachspielräumen,* sowohl das zierliche "Vollglück in der Beschränkung" *(Jean Paul)* als auch der spitze Volltreffer in der Begrenzung. Aus den beängstigenden Affektverwirrungen befreien beide friedlichen Konkurrenten, laut Hermann Schmitz die *privative Weitung* aus *leiblicher Enge* und die *personale Emanzipation* aus *personaler Regression,* also horizontal durch eine leibhaftige Weitung und Entspannung oder vertikal durch eine geistige Steigung und Erhebung. Aus engen Verhältnissen entweichen wir in gefühlte Weiten oder gedankliche Höhen. Idyllischer Stillstand ganz ebenso wie gnomischer Verstand halten umwerfenden Gefühlen tendenziell Stand. Aus der leiblichen Einengung geht es in freundliche Weiten, aus dem regressivem Absturz in überlegene Höhen. Aus den beängstigenden und bestürzenden Leidenschaften geht es hinaus in besonnte Landschaften oder hinauf in besonnene Wissenschaften. Das Rein und Raus im Einstand: Doderer kannte "das Idyllische, welches jeden Ausblick und selbst eine mächtige Fernsicht zum sanften Herein-Scheinen mildert."

Die kraftlos weltflüchtige "schöne Seele", die sich in ihrem "sanften, ungestörten Glück" "von aller Verwüstung rein" halten will, den *pastor otiosus* verurteilt der Lutheraner Hegel nur zum Arbeitsdienst: "Der Mensch darf nicht in solcher idyllischen Geistesarmut hinleben, er muß arbeiten", als sei geistige ohne materielle Bereicherung gar nicht möglich, als wisse der so Bescheidene gar nicht Bescheid. Jean Pauls skurrile Käuze wie Wuz, Fibel und Fixlein sind nur mittellose Intellektuelle, die sich in "sanftem Wahn" mit ihren Buchprojekten vor der "Gewalt der großen Staatsräder" verstecken. – "Vermutlich der genialste Aphoristiker, den wir je hatten" (Vollmann), ist auch unser feinster, satirisch gebrochener Idylliker, der die friedliche "Meeresstille des Gemüts" durch *seine* "Aphorismen zur Lebensweisheit" anzielte und, weder verstiegen noch verschwommen, zwischen zwei Wegen abwechselte: "Der *erste,* der in die Höhe geht, ist: so weit über das Gewölke des Lebens hinauszudringen, daß man die ganze äußere Welt mit ihren Wolfsgruben, Beinhäusern ... nur wie ein ... Kindergärtchen liegen sieht. - Der *zweite* ist : gerade herabzufallen ins Gärtchen und da sich so einheimisch in eine Furche einzunisten" mit "mikrologischen Belustigungen."

(*Jean Paul*: "Leben des Quintus Fixlein", Vorrede).

+ + +

Kulturrelativismus kontra Naturabsolutismus

Hans Blumenberg tut so, als müsse die „Legitimität der Neuzeit" seit Galilei philosophisch erst ausdrücklich begründet werden gegen die fortdauernde Hegemonie des christlichen Mittelalters und gegen den unkultivierten „Absolutismus der Wirklichkeit". In Wahrheit ist es doch eher umgekehrt der naturwissenschaftliche Absolutismus und diese atheistische Neuzeit selber, deren längst vorausgesetzte Selbstlegitimierung philosophisch zu relativieren wäre. Von Gottes schöner Schöpfung bleibt bei Blumenberg allein der unerträgliche „Absolutismus der Wirklichkeit" übrig, vor dem uns nur die *zweite Natur* einer menschlichen Kultur schütze. Vor dem verabsolutierten Realitätsprinzip zieht er sich in den symbolisch gesponnenen Kokon seiner Kulturhöhlen zurück, in die potentiellen Wahnwelten zwischen lebensweltlichem Kultur-Uterus und höllischer Realität. „Ohne Symbolik gliche das Leben des Menschen dem des Gefangenen in der Höhle aus Platons berühmtem Gleichnis." *(E.Cassirer:* „Versuch über den Menschen", 1944 / Frankfurt/M. 1990, S. 71) Doch Blumenberg will in den Höhlengängen des kulturellen Sozial-Uterus ja verharren und nicht in die freie Natur hinaus, deren göttliche Autorität er als eine absolutistische Diktatur abwehrt. Erst befreit sich der elaborierte Ausdruck vom überwältigenden Eindruck, dann von sich selbst und davon, sich überhaupt noch sinnlich beeindrucken zu lassen und das dann auch distanzierend ausdrücken zu müssen. Bei Cassirer und Blumenberg schiebt sich die Kultur des „animal symbolicum" als „Puffer" zwischen den Menschen und die Wirklichkeit, als Notwehr oder Notbehelf.

Sprache und Kultur seien transzendentale Bedingungen, doch nicht mehr, um der Realität nahe zu kommen, sondern um sie sich im Gegenteil vom Leibe zu halten. Die *zweite Natur* verbindet und vereint nicht mehr mit der ersten, sondern trennt und schützt vor ihr. Es geht hier nicht mehr darum, verwirrende Sinneseindrücke erkennend zu ordnen, sondern ihren bedrückenden Druck durch distanzierenden Ausdruck zu mindern.

Sinneseindrücke künden vom Druck der Realität und haben mit dieser den absolutistischen Herrschaftsanspruch gemeinsam: Symbolischer Ausdruck geriert sich als die antiautoritäre Abwehr jedes Bestehenden. Was Luhmann durch Sozialsysteme an Umweltkomplexität reduziert, das reduziert Blumenberg durch Kultursymbole am Realitätsabsolutismus. Besser ein Staatsleviatan als die vermeintlich allzu rohe Naturanarchie? Gottes Schöpfung findet sich säkularisiert zur kontingenten Auswahl aus unendlichen denkmöglichen Welten — auch wenn manche Physiker heute dagegen halten, daß das Universum gar nicht anders sein könne, als es ist, weil jeder mit beliebig anderen Parametern durchgerechnete Kosmos sich längst selber zerstört hätte.

„Die Menschen halten Gott nicht aus": Blumenberg und Marquard fordern kultivierte Entlastung vom überfordernden Absoluten, d.h. philosophische Legitimierung jedes Rückfalls in Relativismus, Polytheismus, Historismus und Dezisionismus. Daß es auch einen ebenso gußeisernen Absolutismus der industriezivilisatorischen Realitäten gibt, daß die kulturelle „Entlastung vom Absolutismus" des Schöpfers und seiner Schöpfung längst selber viel absolutistischere Züge angenommen hat als alles, wovon sie entlasten will, weil die Dialektik der Kultur auch eine Klassen- und Ausbeutergesellschaft maskierend legitimieren kann, kommt ihnen nicht in den Sinn, wenigstens nicht in ihre Schriften. Es gibt, Odo Marquard gibt es zu, auch „unangenehme Kompensationen": Die Gesellschaft ist das Bild ausgleichender Gerechtigkeit; macht sie den einen arm, macht sie den anderen dafür reich. Gott hält diese Kulturphilosophen aus, die seinen „monotheistischen Absolutismus" nicht aushalten. Schon die Einhaltung der Zehn Gebote paßt ihnen und ihren prospektiven Lesern gar nicht in den Kram, alles ist ihnen viel zu schwer. Nur in anthropologischen „Umbesetzungen" der Theologie können sie noch das Religiöse ertragen, aber zu sehr ermäßigten Ausverkaufspreisen. Um Gottes Vergeltungsschlägen zu entgehen, erklären sie Ihn kurzerhand für tot oder abgesetzt und sind Nietzsche dankbar dafür, daß er dieses blutige Geschäft schon für sie erledigt habe. Ihre Stärke, ein gewitzter Sinn für *esprit de finesse*, mag ihre fragwürdigen Grundgedanken weiter überdauern.

Zuerst soll ihre Kultiviertheit uns alle vor dem „Absolutismus der Realität" schützen und am Ende absolut vor jeder nicht von Menschen geschaffenen Realität selber. Marquard nennt sich einen modernen Skeptiker, aber für einen Skeptiker hat er erstaunlich viele Dogmen aufgestellt, ohne sie so zu nennen, und Blumenberg gibt dem gottfeindlichen Zeitgeist Recht in einer Sprache, die der Zeitgeist kaum versteht. Die Neuzeit wird ausgelobt als nachchristliches Säkularisat, das sich nur legitimieren könne als vorchristlicher Neo-Paganismus, der ja ehemals keiner christlichen Gewalt, sondern seiner eigenen inneren Schwäche und Verzweiflung gewichen war. Ihre Überkompensationsphilosophien nach Ernst Cassirer und Joachim Ritter erklären die gottgeschaffene Natur zur Urhölle und die menschliche Kultur inmitten dieser Teufelsnatur zu einer Idylle, während früher die Naturidyllen gegen die Zivilisationshöllen ausgespielt worden waren. Ein symbolischer Höhlen-Uterus „gesellschaftlicher Üblichkeiten" soll vor der Rabenmutter Natur und dem Gesetz des überstrengen Vatergottes schützen, und das halte ich für eine bloße Projektion von Ideologen, die sich, wenn man Blumenbergs „Metaphorologie" auch einmal auf ihn selber anwendet, von ihren philosophischen Muttermetaphern gar nicht abnabeln können. Ob sie ein Drittes Reich hinter sich lassen oder das messianische Gottesreich, die Kulturstufe einer Patriarchatsphilosophie wollen beide ja nicht erreichen. Beide fühlen sich heillos überfordert sowohl vom kosmischen Realitätsprinzip als auch von Gottes Zehn Gebot-Tipps, wie die Realitätsprüfung zu bestehen sei.

Sie verkriechen sich unter den Röcken ihrer Kultur-Idyllen, ihnen wird gleich zu Anbeginn schon schlecht. Wo Marquard die Defizite der naturwissenschaftlich geprägten Welt geisteswissenschaftlich ausgleichen will, sieht Blumenberg in der technisch-wissenschaftlichen Welt - weniger für den produzierenden Arbeiter als für den konsumierenden Bürger - eine *zweite Natur,* die sich als puffernder „Phantomleib" vor die unwirtliche erste Natur schiebt und sie wohltuend verdeckt oder abfedert. Wie ein Raum- oder Taucheranzug bewahrt der Kulturpanzer vor Gottvaters freier Natur, *aus* der ein Mensch sich nicht mehr vertrieben fühlt, sondern *in* die er sich vertrieben fühlt ohne die künstlichen Paradiese des Symbol-Uterus.

Aber verwechseln Blumenberg und Marquard nicht Gottes schöne Schöpfung mit unmenschlicher Gesellschaft und Geschichte? Schüttet nicht ihr erweiterter und überdehnter Realitätsbegriff das Gotteskind mit dem Stahlbad jeglicher „verwalteten Welt" aus? Hegels „absoluter Geist" von Kunst, Religion und Metaphysik schützte recht eigentlich vor dem Absolutismus nicht der reichen Naturfülle, sondern der sozio-ökonomischen Gewaltverhältnisse. Was, wenn nicht das absolut Unbedingte stellt die alleinigen Maßstäbe bereit, um gesellschaftliche Höllenparadiese kritisch zu relativieren?

Wer umgekehrt diesen „monotheistischen Absolutismus" anthropologisch relativiert, verabsolutiert seinerseits erst die rationalisierte Barbarei der wissenschaftlich-technischen Hochzivilisationen. Diese Kulturideologen spielen Menschenwerke gegen Gotteswerke aus und verabsolutieren eine Kultur, die sich von der Schöpfung des Absoluten „emanzipiert", statt die wahre Kultur nur darin zu sehen, im Bunde mit Schöpfer und Schöpfung den hohen Babelturm der „falsch wiederauferstandenen Kultur" *(Theodor Adorno)* zu stürmen vom intellektuellen Elfenbeinturm aus. Diese inflationäre Affirmation und funktionelle Fetischisierung von „Kultur" macht ihre Ideologen blind für deren Dialektik, die sie verachten. Wahre Kulturlosigkeit steckt ja nicht in der kosmologischen Gesetzesordnung der Natur, sondern in den verabsolutierten Hochkulturen selbst, bis hin zum Absolutismus ihrer hochsynthetischen Mythen und „absoluten Metaphern", deren Bilderkult sich gegen eine begriffliche Entmythologisierung sperrt, während doch eine wahre Humankultur ohne die Naturunmittelbarkeit der kosmologischen Gesetzesordnung gar nicht erst sichtbar werden könnte.

Vergleichsweise paradiesisch wirkt eine menschliche Kultur nicht gegen den „Garten Eden", sondern gegen die wissenschaftlich-technisch-industrielle Zivilisationshölle, die das Paradies auf Erden erschaffen will und eher klassenanalytisch zu entzaubern wäre. Blumenberg ersetzt Ernst Cassirers „Anthropologie des reichen Menschen" durch das *geistige Armutszeugnis* seiner Höhlenkultur, die von dem reichen Luxus der Gottesnatur abschirmt: „Schiffbruch mit Zuschauer" von außen, vom rettenden Ufer und Höhleneingang aus. Wer mehr als nur der gegebenen Natur gerecht werden will, steht jenseits bloßer „Mimesis" vor der unendlichen Freiheit kontingenter Weltmöglichkeiten, aber die auch von Hans Blumenberg mit Paul Klee geforderte „Verwesentlichung des Zufälligen" würde schon wieder zurückführen auf die intelligible Potentialität der „besten aller möglichen Welten" *(Leibniz)* selber. Der Mensch sei das Wesen, das symbolisch kompensiere, was ihm wesentlich mangele. „Die Sprache ist ihrem Wesen nach metaphorisch" für Ernst Cassirer in der Umsetzung vom Eindrucks- zum Ausdrucksmedium durch begriffliche *pars-pro-toto*-Fixierungen.

Menschlicher Realitätsbezug ist für Blumenberg nur „indirekt, umständlich, verzögert, selektiv und vor allem metaphorisch". Zeichensetzung heiße: Sinnerfüllung des Sinnlichen durch eine Versinnbildlichung des Sinns. (Metaphorisch wäre ja auch der imaginative Vorgriff auf Vernunftideen, die aufs Ganze gehen, ohne doch Gegenstände zu beschreiben.) „Die Wahrheit der Metapher ist eine verité à faire" und soll dennoch keine praxistheoretische „Erfüllung" einer phänomenologischen „Intention" sein und die unreduzierbare Vieldeutigkeit der Metapher keine Ästhetisierung der Anthropologie bedeuten? Wo Metapher war, kann nicht und soll doch Begriff werden, wie Kant wusste.

Metaphern wollen das *individuum ineffabile* und das Ganze der Welt- und Selbstverständnisse zu Wort kommen lassen, also das „Unaussprechliche". Bedeutet beim Wort genommene Metaphorik mithin Metaphysik (nach) der Metaphysik? Aber Kultur enthält Bedeutsamkeit gegen die „Indifferenz der Natur" nur für den, der sie nicht mehr versteht und sich nicht mehr auf sie versteht. „Selbstbehauptung" ist für Blumenberg nur noch *gegen* Gott statt allein *durch* Gott möglich, und die neo-anthropologischen „Funktionsäquivalente" für alle religiösen „Vakanzen" führen dann zur „Umbesetzung" der Menschwerdung Gottes durch eine Selbstvergötterung des Menschen als „Prothesengott" (S. Freud).

Dieser Absolutismus beherrscht das seßhafte Wunschdenken innerhalb wie die „offene Wirklichkeit" außerhalb der Blumenberg-Höhlen. Der Prototyp einer „regelunbedürftigen" Feiertags- und „Lebenswelt" war für ihn nicht der biblische Garten Eden der afrikanischen Savanne. Aber das verlorene Paradies der „Lebenswelten" ist nicht technologisch rekonstruierbar, wie es der Absolutismus der „absoluten Metaphern" und Mythen suggeriert, die nie die Natur anthropomorphisieren, sondern umgekehrt die Geschichte als *zweite* Natur hypostasieren. Kurzum: Der echte Grundschnitt verliefe nicht zwischen häßlich harter Natur und schön weicher Kultur, sondern zwischen wahrer und falscher Kultur, also zwischen Kulturen und Ideologien.

Blumenberg kann im biblischen Sündenfall nur den notwendigen Schritt sehen vom Reiz-Reaktionstier zum intentionsfreudigen Hominiden, vom Mutterleib zur Erstgeburt, vom Urwald zur Savanne, nicht aber den Schritt von der „lebensweltlichen" Savanne zum Ackern für Babel. Dadurch wird sein anthropologisches Grundmodell ex ovo schief. Biblisch verstanden ist das Paradies nicht kausal selbstzerstörerisch, sondern der Sündenfall eine freie Entscheidung der Gattung gegen Gottes Urprojekt. Der Garten Eden war Modell der phänomenologisch unproblematischen „Lebenswelt" nicht als anthropologische *Unfähigkeit,* sich imaginativ etwas abwesend Besseres vorzustellen und ihn von daher als enttäuschend zu erfahren, sondern als ein *Unglaube,* daß dieses intendierte vermeintlich Bessere sich tatsächlich *in the long run* als das Schlechtere erwiese, wie der Schöpfer selber prophezeit hatte.

Zwischen paradiesischer „Lebenswelt" und höllischer Indifferenz der Natur intendieren Blumenbergs Mitmenschen sozial-uterine Kulturen, aber diese Extreme sind unrealistisch konzipiert und durch die biblischen Alternativen von nomadischer Savanne und kultiviertem Babel zu ersetzen. Was bei Hans Blumenberg Kultur heißt, bildet eine Lösung, die noch Teil des Problems bleibt, wenn sie unerträglicher gerät als die absolutistische Natur, aus deren Abwehr sie besteht. Blumenberg wird nie einen Grund finden, eines Tages aus seßhafter Unkultur in den Kosmos zu fliehen, aus der er ja in die Kultur geflohen war. Wer die Zeichen der Natur nicht zu deuten versteht, wen wie Pascal das Schweigen der unendlichen Räume erschreckt, muß selbstreferenzielle Bedeutungswelten entwerfen, die ihn als künstliche Brutkammern umschließen. Wer also den Zugriff des Kosmos auf Physis und Psyche kultursymbolisch abfangen will, setzt sich dem Zugriff einer zur *zweiten*

Natur gewordenen Naturverbauung aus. Der Schnitt zwischen „Lebenswelt" und Gottes freier Natur entspricht dem zwischen „Lebenszeit und Weltzeit".

Marquards Philosophie der Überkompensation naturwissenschaftlicher Lebensweltneutralisierung durch eine geisteswissenschaftliche Lebensweltpflege leidet daran, daß sie den Zustand *vor* der Aufteilung der Kultur in Natur- und Geisteswissenschaften grundsätzlich nicht mehr restaurieren kann. Das naturwissenschaftlich nicht Objektivierbare wird als technischer Abfall in einen dafür konstruierten Seelen-Container geworfen, wo er geisteswissenschaftlich recycelt werden soll. Marquard ersetzt Hegels Dialektik durch Kompensation oder definiert sie als Kompensation. Jede gewaltsame Einseitigkeit treibe die gegenläufige als ausgleichende Ungerechtigkeit hervor. Das postmoderne Kompensieren der Modernitätsfolgeschäden zeigt aber die Grenzen jeder kulturellen Verarbeitung zivilisatorischer Konsequenzen. Es gibt viele Innovationen, die im Grunde Kompensationen anderer Innovationsfolgen sind, u.u.

Bei Marquard werden die lästigen Nebenwirkungen des techno-industriellen Fortschritts nicht schon aufgewogen durch dessen neue Segnungen, sondern müssen überkompensiert werden durch mehr als diese Füllhornsegnungen, womit ja stillschweigend zugegeben wird, dass diese kompensationsbedürftigen Folgelasten den unverzichtbaren Nutzen offenbar erheblich überwiegen und nicht einfach als ein günstiger Preis für große Wohltaten leicht aufzubringen sind. Wer die Industriegüter will, der zahlt den Preis — und kompensiert zusätzlich die Folgeschäden. Ein Bedarf wird nicht einfach gedeckt, sondern seine Undeckbarkeit nur kompensiert, als wäre ein nie zu behebender Hunger zum Vergessen zu bringen durch Liebesfreuden bei knurrendem Magen. Freizeit und Kapital haben wir nicht für dich, aber nimm vorlieb mit Menschenliebe.

Und wozu diese ganze Kompensation? Diese "Skepsis und Zustimmung" will partout nicht verzichten auf die komfortablen Annehmlichkeiten des beamteten Müßiggangs. Die ostentative Skepsis kompensiert auch den Tod Gottes durch einen polytheistischen Pluralismus, statt im Monotheismus die einzige klare Grundlage des demokratischen Pluralismus zu erkennen und anzuerkennen. Notwendig *gemachte* Übel werden hier durch Gütergratifikationen nur erträglich gemacht, durch Abschlagszahlungen, um die Ausgebeuteten bei der Stange zu halten und der sozialen Revolution durch "Kompromisse" den Wind aus den Segeln zu nehmen. Die Bedürfnisse der Unterdrückten werden eben nicht befriedigt, sondern mit schöngeredeten Surrogaten abgefunden für kleingeredete Leiden. Nicht nur Gott in der Theodizee, sondern auch der Ausbeuter in seiner Ideologie ist entschuldigt, weil er die Leiden der Ausgebeuteten durch Konsumgüter kompensiert und dafür den Mehrwert der Arbeit einstreicht. Was für den Unterdrückten nur Entschädigung ist, ist für seinen Ausbeuter ein zu zahlender Preis. Der Ausgebeutete wird nicht vom Ausbeuter erlöst, sondern an dessen Erlös "moderat" beteiligt. Er wird nicht befreit, sondern dafür, daß ihm der Mehrwert geraubt wird, mit mehr oder weniger schlechtem Talmi entschädigt. Zwischen Kapital und Arbeit laufen "Kompensationsgeschäfte", und der Kapitalismus mutiert zur Schadensersatzregelung für Arbeitssklaven, um Revolutionen vorzubeugen.

Für Übel, die nicht durch unsere Übeltaten in die Welt kommen, werden wir nicht bestraft durch weitere Übel, sondern durch überkompensatorische Wohltaten entschädigt — entweder von Gott oder von der Gesellschaft. Übel - als Übeltaten der Tyrannen - sollen gar nicht aufgehoben, sondern als unaufhebbare nur teilentschädigt werden.

- Die Seele des historischen Materialismus -

War der Geschlechterkrieg die Wahrheit des Klassenkampfes?

Die prekäre Beziehung zwischen dem Einzelnen und der Allgemeinheit — spätestens seit der Studentenbewegung 1968 wurde sie verhandelt als das Verhältnis von Psychoanalyse und Klassenanalyse. Wer ideologisch zwischen Marx und Freud vermitteln wollte, landete leicht bei Wilhelm Reich oder bei Herbert Marcuse. Im Übrigen gingen Stellungnahmen beinahe immer von den politisch Motivierten aus, die Psychologen verschanzten sich gern hinter ihrer täglichen Kleinarbeit oder hinter Freuds einigermaßen pessimistischem Verdikt über die Chancen des Sozialismus gegenüber der Invarianz des Überich und des Unbewußten. Sichtbar waren immer drei Grundhaltungen:

1. *Arbeitsteilige Toleranz.* Der Sozialrevolutionär galt als ein Psychotherapeut der Gesellschaft und der Psychoanalytiker als ein Reformist für das Individuum. Bestenfalls bohrten sie beide von entgegengesetzten Seiten am selben Tunnel, beide bedauerten oder begrüßten ihre vorerst unüberbrückbaren Differenzen.

2. *Integration.* Dabei versuchte jede Seite sehr, die andere zu dominierren. Analytische Termini wurden häufig in politpraktische Codes übersetzt, seltener umgekehrt. Entweder wurde alle soziale Dynamik fein aus der Einzelseele herausgesponnen oder der psychische Konflikt als nur infra-individueller Ausdruck des antagonistischen Zustands der spätbürgerlichen Repressionsgesellschaften interpretiert. Besonders die Marxisten, wo sie die Psychoanalyse nicht ohnehin kurzerhand als dekadenten Introvertiertheitsrummel oder als hinterlistige Anpassungstechnik abtaten, tolerierten sie lediglich um den Preis, daß sie sich als Theorie des sonst etwas zu kurz kommenden „subjektiven Faktors" eine subalterne Rolle in den revolutionären Heilsplänen gefallen ließ. So argwöhnte man, Alfred Lorenzer etwa sei dabei, sie als „materialistische Sozialisationstheorie" dem Reformmarxismus als Hilfsinstrument ganz ähnlich anzudienen wie ein Jean-Paul Sartre seinen Links-Existenzialismus. Auch die „Frankfurter Schule" um Horkheimer duldete die Sexualpsychologie des Unbewußten allein als brauchbares theoretisches Bindeglied zwischen den Leiden des Einzelnen und dem erzdesolaten Zustand des großen Ganzen, aber: „Der Einzelne ist nicht zu ändern, geändert werden müßten die System-Bedingungen": Adorno.

3. *Abgrenzende Zurückweisungen.* Nur wer den Großpatienten, die Gesellschaft, heile, so hieß es, hindere ihn daran, weiterhin kranke Individuen überzuproduzieren als die vermeintlich unumgänglichen Betriebsunkosten jeglicher sozialen Entwicklung. Die ganze Gesellschaft trage das Karzinom, dessen streuende Metastasen die leidenden Mitglieder seien. Wer reformistisch an ihnen herumdoktere, schlage nur den Sack und meine den Esel — er legitimiere das Verhängnis noch explizit. Da die Psychoanalyse ja keine Produktion von Guerilleros beabsichtige, richte sie die Menschen ab, nur blind und reibungslos im schlechten Bestehenden zu funktionieren, indem ihre Frustrationstoleranzschwelle einfach weiter erhöht werde.

4. Die einzige authentische Psychoanalyse der vom Kapital Ausgebeuteten sei die berühmte Warenanalyse im 1. Band des „Kapital", inklusive ihrer revolutionspraktischen Konsequenzen. Ungleich viel seltener gelang der umgekehrte Versuch, sozio-historische Zusammenhänge auch einmal von tiefenpsychologischen Optionen her zu verstehen. Dieses Vorgehen berief sich auf die psychologisierte Darwin-Theorie, jedes Individuum rekapituliere in seiner Ontogenese den phylogenetisch akkumulierten Erfahrungsschatz der bisherigen Menschheit.

Vor diesem Hintergrund war das kleinere Buch von *Horst Kurnitzky:* „Triebstruktur des Geldes" (Berlin 1974) der ehrgeizige Versuch, das kollektive Unbewußte im Herzen der Geschichte und der metapolitischen Ökonomie zu analysieren. Ein unbewußtes Sein bestimme das Bewußtsein, sogar noch das richtige Bewußtsein des dialektischen Materialisten. Nicht Marx

war da auf die Couch gezerrt, sondern seinem „Kapital"
vorgeworfen worden, der Sache noch nicht auf den
allerletzten Hintergrund gegangen zu sein. In der Tat
wurde Marx dort ernst genommen, aber Freud noch
ernster - von einem Sozialisten, ohne die harten Gesetze
der Wirtschaft bloß aus der zarten Kapitalistenseele
abzuleiten. Die ganze „ökonomische Scheiße" wurde
nicht analsadistisch gedeutet. Als sei Hegel durch Marx
nur erst vom Kopf auf den Hintern gesetzt worden,
wollte ihn der Autor nun endgültig auf die Beine einer
Frau stellen. Die Idee blamiert sich ja vor dem
materiellen Interesse allemal, aber diese wirtschaftlichen
Interessen sollen hier vor noch etwas handfesteren
blamiert werden. Der Mangel sei ein materieller, aber
das Mater-ielle, an dem es fehle, sei doch letztlich die
Magna Mater, die große Urmutter, von deren Brüsten
uns die eifersüchtige Konkurrenzgesellschaft wegreiße,
auf daß wir „sozial höher bewertete Tätigkeiten"
(Freud) verrichten mögen. H. Kurnitzky, mit seinem
feministischen „Versuch einer Materialisierung des
Materialismusbegriffs" noch päpstlicher als der Papst,
konnte es nun gar nicht weiblich und leiblich genug
zugehen: Gegen Freud sei Marx ja der reinste Idealist
gewesen, noch viel zu sehr aus auf männlich
aggressive Produktivitätssteigerung und auf Mord an
Mutter Natur. Hier endete die herbe materialistische
Analyse in spekulativer Mystifikation, die „Sozio-
psychoanalyse" eines linke C. G. Jung fand linke
Archetypen.

Für K. war der „gesellschaftliche Unterbau" noch viel
zu sehr kultureller Überbau; da war, um keiner
ideologiekritischen Ideologie zu erliegen, noch viel
tiefer zu schürfen, hinab zu den Müttern, und siehe da,

die vielgeschmähte Psychologie, die letzte subjektivistische Verästelung des Überbaus, entpuppte sich nun unversehens als der gesuchte Unterbau des Unterbaus.

Tiefer geht es nun nimmer, wenn man nicht zum Teufel gehen will. Die Politökonomie, letztes A und O, dieses Fundament aller Fundamentalität, geriet ins Wanken, denn ließ sie sich nicht plötzlich zurückführen auf die Triebökonomie der unterdrückten Individuen? Was war da geschehen, gab es eine Grundlagenkrise der roten Logik wie in der bürgerlich mathematischen Logik zu Beginn des 20. Jahrhunderts?

Kurnitzky faßte seine Grundthese so zusammen: „Der gesellschaftliche Zusammenhalt wird bisher durch Opfer garantiert. Es sind die Opfer sexueller Bedürfnisse, verkörpert in der verdrängten weiblichen Sexualität, die, im Geld wiedergekehrt, die Reproduktion der Gesellschaft garantieren." Die materiellen Basisinteressen seien „nichts als" die gesellschaftsfähigen Formen von sexuellen, und vor allem inzestuöse Bedürfnisse seien es, die sich unter des Vaters Kastrationsdrohung als mater-ielle Notdurft maskieren müssen, will man K. glauben. Geht es hier also um ödipale Phantasien im Gewande von oralen Versorgungswünschen, um Ernähren statt Begehren?

Der ursprüngliche „Gebrauchswert" sei der nur inzestuöse Lustprofit. Wir arbeiten nicht, um zu essen, und wir essen nicht etwa, weil wir Hunger haben, sondern weil wir die Mutter *nicht* haben. Das Kind hat sie zum Fressen lieb, aber es muß mit Kaviar vorlieb nehmen. Und wenn wir viel weniger bekommen, als wir in Mutter Erde investiert haben, weil der Mehrwert von kapitalistischen Vaterfiguren abgeschöpft werde, dann nicht deshalb, weil wir zu wenig Geld für unsere viele Schufterei bekommen, sondern weil wir überhaupt nur Geld bekommen — statt Mutterliebe. Am Ende vergessen wir laut K. über dem vielen Geld und Gut, was wir eigentlich von Anfang an überhaupt gewollt haben, und reden uns erfolgreich ein, daß es uns nur um mehr Wohlstand für alle zu tun sei. Wenn Arbeit schände, nimmt K. das jetzt ganz wörtlich: Als Arbeiter schänden wir die Mutter Natur und beuten sie aus, zum „Urmuttermord" getrieben.

Marx hatte auf dem Grunde der Gesellschaft das universale Tauschprinzip entdeckt: Arbeitskraft gegen Geld, Geld gegen Ware und Ware gegen regenerierte Arbeitskraft. Kurnitzky will darunter einen noch viel ursprünglicheren Tausch entdeckt haben: die Mutter gegen mater-ielle Entschädigung und die Zeugungspotenz gegen Arbeitskraft. Die erste prähistorische Produktionskraft sei die sexuelle Potenz gewesen, die unentfremdete Urarbeit sei der Liebesakt gewesen, die erste Produktion war die Zeugung, die aus dem Rohstoff Frau das Fertigprodukt Kind machte, und das erste Produktionsverhältnis sei das erotische Verhältnis von Mann und Frau gewesen. Dabei sei die weibliche Erotik dialektisch leider ganz aufgehoben worden: erstens verdrängt, zweitens im Kinde aufbewahrt und drittens auf die hohe Stufe der Fruchtbarkeit gehoben.

Nun verstehen wir mit K. endlich, warum Geld und Gut so selten glücklich machen. Das Geld halte nicht, was es verspreche, weil es bloße Ersatzbefriedigung biete für den verbotenen Mutterinzest. Die hoch „mystische Erscheinung" des Geldes sei von Marx entmythologisiert worden als eine „Inkarnation des gesellschaftlich vermittelten Naturverhältnisses". K. entdeckte hinter dem Wert der Waren, der zu ihrer Überproduktion gesellschaftlich notwendigen Arbeitszeit, jene teure Lebenszeit, die uns daran hindere, Liebe zu machen. Arbeitszeit ist ja Lebenszeit, die keine Zeit für Liebe hat. Mit dem Mehrwert werde uns etwas entzogen, das mehr wert sei als jeder Gold- und Warenfetisch. Liebe *oder* Geld regieren die Welt. Wenn der Erdensohn seinen Trieb verdrängen muß, bei „Mutter Erde" zu wohnen und den Unternehmerpatriarchen aus dem Wege zu räumen, bleiben ihm nur die anal-sadistischen Anteile des Inzestwunsches, die er in der Erwerbsarbeit lebenslänglich abreagieren kann.

Wenn ich aber auch den Urmuttermord der Arbeit verdränge, bleibt nur der „Sinn des Habens", die Verdrängung einer Verdrängung, ein Bedürfnis aus dritter Hand gleichsam, die geizige Geldgier: ursprünglich nach Muscheln, Schnecken und Schweinen als Symbolen der verdrängten Vagina.

Kultur lebt vom erzwungenen Triebverzicht und immer neuen Nachverdrängungen, das ist uns nicht neu. Aber um der materiellen Selbsterhaltung und Bereicherung willen habe jeder sein primäres Triebobjekt zu opfern, noch genauer, die Frau in der Mutter, ihren inzestuösen Gebrauchswert, denn die Mütterlichkeit sei der bloße „Tauschwert" der Frau, ihre sozial verwertbar gemachte Weiblichkeit.

Am Anfang sei der Sexualmord anstelle des Sexualaktes gewesen: Ich töte die Frau als Frau, indem ich sie zur Mutter meiner Kinder mache; die Frau ist tot, es lebe das Kind: „Denn der verdrängte Trieb erfährt zunächst seine Verkörperung im weiblichen Geschlecht, das als primäres Opfer zugleich ein auf Zeugung und Geburt basierendes Produktionsverhältnis repräsentiert ... die Fruchtbarkeitsgöttinnen... sind vermutlich nichts anderes als ein Ausdruck der Verdrängung bzw. Reduzierung der weiblichen Sexualität auf Zeugung und Geburt und nicht etwa ein Zeugnis von Macht und Freiheit der weiblichen Gesellschaftsmitglieder, wie es einige Autoren von mutter-rechtlich organisierten Gesellschaften behaupten." (a.a.O., S. 145)

„Psychoanalytisch gesprochen, ist das Es die Instanz, die das verdrängte weibliche Geschlecht repräsentiert" (81) „Identifizierung der verdrängten Inzestwünsche mit dem weiblichen Geschlecht, Unterdrückung dieser Inzestwünsche und deren Verdrängung mit der Verdrängung des weiblichen Geschlechts, Exogamie, Substitution des weiblichen Geschlechts durch das Heiratsgeld. Damit ist der Gang der Kulturentwicklung gesetzt, die in der ständigen Wiederholung und der Wiederkehr des Verdrängten in Gestalt z.B. der Schweine und der Totemtiere, aber auch der Wertsachen besteht." (S. 69)

Hier wird recht deutlich, daß Kurnitzky sich von einer falschen Analogie verführen läßt. Wenn im Überich der Vater spricht, auch wenn er nicht leibhaftig da ist, dann müsse das Es ein Mutter-Introjekt sein. Kultiviert sein heißt opfern, und hier wird K. das Opfer einer Sprachverwirrung. Wer dem Inzesttabu folgt, opfert doch wohl nicht gleich die Sexualität der Mutter, sondern erst einmal ein Teil seiner eigenen. K. verwechselt offenkundig den Wunsch mit seinem Objekt; für ihn unterdrückt der Sohn seine Mutter, wenn er sein inzestuöses Bedürfnis nach ihr unterdrückt, und er töte sie, sobald er sie nur als sein Triebobjekt aufgebe.

Ist diese Prämisse aber erst einmal zugestanden, folgen die restlichen Trugschlüsse schon von selbst: die Verdrängung der Inzestwünsche mutiert zum Muttermord, die Rückkehr dieses Verdrängten wird identisch mit weiblicher Emanzipation, ja, mit einer utopischen „Resurrektion der Natur" überhaupt. Meine Mutter, auf die ich sexuell verzichte, sei für mich ja nun gleichsam gestorben, und später mache ich meine Frau zur Mutter meiner Kinder — aus Kastrationsangst vor ihrer übergroßen Sexualpotenz, wie uns K. glauben machen will. „Die Zerstörung des Ödipuskomplexes, wenn ideal vollzogen, ist die Vernichtung des weiblichen Geschlechts." (Seite 76) Auf den Mutterinzest verzichten heiße den Inzestwunsch verdrängen, heiße die ganze Mutterimago verdrängen, heiße die Frau kastrieren, heiße ihr Kinder machen, und das heiße ja sie als Frau ermorden: Welche Konfusion der Geister!

Freud räumte dem Urmuttermord keine zentrale Stelle wie dem Urvatermord ein, und das trägt K. ihm nach. Laut Freud ist der primäre Sinn jenes Opfers: Sühne und geheime Wiederholung des Vatermords in ein und demselben Akt.

Nach dem Patrizid verzichte die Bruderhorde, um sich nicht gegenseitig im Konkurrenzkampf um die Mutter zu zerfleischen, gemeinsam auf ihren Alleinbesitz und ritualisiere diesen Verzicht im verbindlichen Opferkult, der den Urverzicht feierlich erinnere. Nach „Totem und Tabu" ist das Uropfer, die kollektive Totemmahlzeit, in

60

ein und derselben Bewegung 1.) eine Geste der Unterwerfung unter den Urvater, Preisgabe des inzestuösen Bruderphallus, Beschwichtigung der Schuldangst vor dem Ermordeten und 2.) Wiederholung der Untat durch den Sühneakt selbst. Ein Opfer bringt hier also laut Freud die männliche Sexualität, doch Kurnitzky meint seinen Freud urfeministisch korrigieren zu müssen: „Die Rolle der Mutter wird von der Psychoanalyse aber in jeder Weise unterschlagen, was die Vermutung nahelegt, daß wir es hier mit einem für die psychoanalytische Theoriebildung fundamentalen Verdrängungsvorgang zu tun haben, der als Verdrängung des wiedergekehrten Verdrängten (Urmutter) begriffen werden kann." (S. 58) Geopfert werde die Liebe der Mutter, aber nicht nur als genitivus obiectivus, die Liebe zur Frau in ihr, sondern auch genitivus subiectivus.

Welche weibliche Bedeutung der Autor durch die Psychoanalyse hartnäckig unterschlagen sieht, geht aus einem eher beiläufigen Satz hervor: „So geht das Inzestverlangen z.B. immer von dem „kleinen Ödipus" aus, niemals von der Mutter; sie hat ihn höchstens nicht genug zurückgewiesen." (71) Nun ist es heraus: Nicht Kleinödipus also will seine Mama ganz für sich allein haben, nein, sie ist es, die mit ihm allein sein will, die ihren ungeliebten Gatten beseitigen und sich von ihm „emanzipieren" will, um mit ihrem Lieblingssohn durchzubrennen. Ödipus sei verführt und zum Vatermord angestiftet worden - von der Mutter. Will er nun verführt worden sein, um nur der Verantwortung und Strafe zu entgehen? Natürlich hat Kurnitzky das alles nicht aus klinischen Befunden, sondern aus Mythen herausgedeutet. Warum projiziert er die Inzestwünsche des Ödipus auf dessen Mutter? Freuds Ansichten über

Weiblichkeit mögen patriarchalisch phallozentriert sein, wie Feminist(inn)en barmen, aber Kurnitzky schüttet das Kind mit dem Bade aus. Das Kind ist der Penisersatz der Mutter, schön, aber ist sie nun auch noch hinter dem Penis ihres Penisersatzes her?

Den Frauen wird hier der feministische Bärendienst eines beflissenen Softy erwiesen. Es geht gegen verabsolutierte Naturbeherrschung, gegen Raubbau an Mutter Erde, also auch gegen „Ödipus — Ein Held der westlichen Welt" (Berlin 1978), aber Kurnitzky geht es gar nicht um das Matriarchat, sondern um den Amazonenkult. Dieser Dianakult im Namen der Gäa treibt zwischen Mann und Frau einen fast schon rassistischen Keil, statt beide gegen ihre gemeinsamen Gegner zu einen.

Wer diese sterilen Amazonen gegen Mütter und Väter ausspielt, will den Klassenkampf abschaffen — oder ihn auf seine eigene Weise gewinnen.

Westliche Hochindustriegesellschaften sind längst eher homosexualisiert als patriarchalisch verfasst, und wenn sie aus durchsichtigen Gründen fälschlich immer noch als biblische „Patriarchate" angefeindet werden, dann nicht von einem Familienfeminismus proletarischer Mütter, sondern von einem mittelständischen Amazonenkult Höherer Töchter.

+ + +

Äußere und menschliche Natur
zwischen Dialektik und Phänomenologie

Hegels Naturphilosophie gilt als der vergleichsweise am wenigsten idealistische Teil seines Groß-Systems. Man könnte aber auch sagen, sie sei im Gegenteil ganz besonders erzidealistisch, weil sie die menschlichen Begriffe sogar noch wiederfinde in der gar nicht von Menschen geschaffenen Welt. An der Naturphilosophie wäre abzulesen, wie weit Hegels Geisteswissenschaft sich auf das objektiv Geistferne und Außermenschliche eingelassen habe, auf das mit menschlichen Begriffen "Nichtidentische" *(Theodor W. Adorno)*.

Was Hegel den "objektiven Geist" nennt, ist ja noch humanistische Kulturleistung, das Ensemble objektivierter Wesenskräfte der vergesellschafteten Gattungsgeschichte. Aber die Natur nicht als Produkt menschlicher Projekte - wenngleich als Resultat göttlicher Pläne - ist die eigentliche Herausforderung für jeden "objektiven Idealismus", den Wilh. Dilthey zu den philosophischen Grundtypen zählte. Erkennt das menschliche Bewußtsein sich wieder in der von Gott und nicht von dessen Ebenbild geschaffenen Natur, sofern das Menschenkind und Mutter Natur beide Geschöpfe Gottes sind, der sie bis zu einem gewissen Grade aufeinander hingeordnet hat? Für Hegel wie für alle Metaphysiker vor ihm sind menschliche Gedanken in der Natur nur wiederzufinden, soweit Gottes Gedanken als Grundmuster in der Natur wie im menschlichen Kopf wiederzufinden seien und nicht, soweit die Natur ein menschliches Kulturprodukt geworden sei.

63

Ohne die Idee eines *göttlichen Geistes* bräche das Konzept der Natur als "Anderssein des Geistes" in sich zusammen. Der menschliche Geist würde die eigenen Bestimmungen in der vorgefundenen Natur sei es noch so chiffriert überhaupt nicht wiedererkennen, wenn er nicht Geist vom Geist ihres gemeinsamen Schöpfers wäre. In dem historischen Augenblick, in dem Gott für den Menschen gestorben ist nicht nur im christlichen, sondern vor allem im atheistischen Sinne, emanzipiert sich auch die Naturphilosophie, die zur "Philosophie der Naturwissenschaften" wird, von allen Versuchen, in der Natur einen noch anderen Geist als den der Mathematiker auch nur zu suchen. Die systematische Gleichheit von menschlichem Geist und außermenschlicher Natur verkommt zu Systemen mathematischer Gleichungen. Mit Einstein und Heisenberg siegen über Newton aber nicht wieder Goethe und Schelling, Hegel und Schopenhauer.

Und wo die Naturwissenschaften die pure Objektivität der Naturerkenntnis monopolisieren, bleibt der Naturphilosophie, wenn sie nicht nur deren Grundbegriffe und Methoden wissenschaftstheoretisch reflektieren will, nur wenig objektiver Sachbezug übrig. Auch und gerade Hegels Philosophie des geistfernsten Teils der Realität verfällt heute dem Verdikt "verwilderter Subjektivität" auf der Basis eines weltgeschichtlich längst überholten Naturwissens, und idealistische Spekulation auf den gottmenschlichen Geist der Natur entlarvte sich vor dem Forum positivistischer Wissenschaftstheorien als romantische Phantasterei, die nicht einmal mehr einen verifikationswürdig heuristischen Hypothesenwert für sich beanspruchen darf.

So gilt der zweite Teil der "Enzyklopädie" von 1830 heute allgemein als der strukturschwächste Teil des hegelschen Systems, das schon bald vor den Physikern als ebenso subjektiv verschrien war wie Schellings Analogiedenken vor Hegels vermeintlich objektiveren Bemühungen. Der Neophänomenologe Hermann Schmitz wird nicht viel Widerspruch ernten, wo er Hegel unrehabilitierbar scheitern sieht in seiner naturphilosophischen "Realdialektik" und auch heute noch glänzen sieht in der geschmeidigsten "Standpunktdialektik", welche auch die unverträglichen Überzeugungen in unseren Weltbildern und Gesinnungen "verbackt" und entwicklungsfähig integrieren kann, wie im „großartigen" zweiten Band der ästhetischen Vorlesungen.

Wenn aber Hegel die von ihm verhöhnte "romantische Subjektivität" nach heutigen Maßstäben weniger in einem wissenschaftlichen System "aufhob" als sie unüberbietbar vollendete, dann ist seine Naturphilosophie in der Tat zwar vor dem Richterspruch der mathematischen Naturwissenschaftler so wenig zu retten wie Goethes Farbenlehre vor Newtons Optik, aber doch in einem von Hegel noch unvorhersehbaren Sinne dialektisch aufhebbar, also zu de(kon)struieren und auf anderer Ebene zu reverifizieren. Das "Anderssein des Geistes" als rekonstruierbar Unbewußtes im menschlichen Bewußtsein findet interessante Parallelen erstens in Jean-Paul Sartres "existenzieller Psychoanalyse" von objektiven Wesensqualitäten, die nur von subjektiven Lebensprojekten "enthüllt" werden, und zweitens auch in der metaphysisch fundierten "Realontologie" der christlichen Naturphänomenologin Hedwig Conrad-Martius (1888-1966), welche Resultate der modernen Physik und Biologie nicht transzendentalidealistisch, sondern lebensweltlich "realistisch deuten" wollte.

Was sich an den "primären Sinnesqualitäten" und an ihren funktionalen Relationen nicht noch einmal auf das mathematisch gut Manipulierbare reduzieren läßt, die harte "Prosa der Welt", wird an den unquantifizierbar "sekundären Sinnesqualitäten" in einen eigens dafür reservierten Seelen-Container heute abgelagert als "bloß subjektive Poesie des Herzens". Was in mathematisch bequem erfaßbare und praktisch kombinierbare Merkmalsgruppen nicht eingeht, gilt auch schon als Marginalität oder unsachbezogene Redundanz. Was haben sie nun gemeinsam, die üppig konfigurierbaren acht Wesensgrundqualitäten im altchinesischen "I-Ging", die von Sartres existenzieller Psychoanalyse aufgedeckten Objektqualitäten, die von Hegel als bloße Selbstentfremdungsformen des Geistes begriffenen Naturphänomene und die aus „metaphysischen Urpotenzen" je und je aktualisierten physischen Dinge bei Conrad-Martius?

Philosophen pflegen auch die Naturerscheinungen als spezifische Produkte dualistischer Grundprinzipien zu deuten. Die wirkmächtigen Ur-Antagonisten, aus deren gegensinnigem Zusammenspiel alles Seiende erstellt sei, sind z. B. bei Hegel idealler Allgemeinbegriff und reales Einzelobjekt, bei Sartre ein recht hegelianisches Ansichsein und bewußtes Fürsichsein (allerdings ohne ein mögliches Anundfürsichsein), bei Conrad-Martius eine "archonale Selbstenthebungspotenz und eine hyletische Selbstversenkungsdynamis". Die Term-Paare sind nicht synonym oder gar eindeutig aufeinander abbildbar, aber auch nicht einander heterogen.

Was Sartres Existenzialanalytik durch individualsubjektivistische Aktionen so an objektiven Wesensqualitäten der Dinge "enthüllt", z. B. das Klebrige, Kompakte, das Körnige, Glatte, Poröse, Schleimige, findet partielle Entsprechungen in Hegels Naturdialektik, wo sie etwa die Elemente Feuer, Wasser, Luft und Erde apriorisch rekonstruieren will, Lichtes und Schweres, Warmes und Lautes, Trübes und Durchsichtiges, Riechendes und Farbiges, Kristallines, Elektrisierendes und magnetisch Anziehendes etc. Immer geht es dort um quantitativ und qualitativ je besondere Konstellationen von Subjekt und Objekt, Bewußtem und Unbewußtem, Idealität und Individualität, Begriff und Realität, jeweils nach Kontextstufe sinnreich variiert.

So ließe sich noch Hegels Naturmetaphysik, wo sie die Naturwissenschaften nicht länger spekulativ überhöhen will, paradox gerade für Kierkegaards existenzielle Kritik an jeder „weltgeistigen" Allgemeinheit durchaus erneut fruchtbar machen. Wer diese Naturmetaphysik als eine existenzielle Psychoanalyse der menschlichen Natur liest, rettet einen Gutteil ihres Reichtums *vor* dem naturwissenschaftlichen Fortschritt und *für* eine moderne philosophische Anthropologie. Sartres Urkonzept der Enthüllung objektiver Naturqualitäten als bloße Korrelata von subjektiven Aktionsprojekten hat eine gewisse Analogie zu Hegels Subjektivierung aller Natursubstanzen als Objektivierung der Begriffe. Die christliche Versöhnung von Idealität und Realität bei dem Protestanten Hegel hat dann allerdings kaum eine Entsprechung beim Atheisten Sartre, der die Selbstvergötterung des Menschen für so unrealisierbar wie umgekehrt die Menschwerdung Gottes für überflüssig hält. Was für Hegel christologisch immer schon geschehen ist an "An-und-für-sich-sein", scheitert notwendig für Sartre, der phänomenologisch ewig im Kreise alternativer Theaterrollen und Existenzkampfstellungen von *Pour-soi* und *En-soi* läuft.

Wie Sartre seine existenzielle Psychoanalyse bevorzugt an Schriftstellern (wie etwa Baudelaire, Genet, Mallarmé, Flaubert) zelebriert hat, weil der linke Existenzialismus ohnehin weniger eine politische Philosophie als eine philosophische Ästhetik darstellte, so könnte auch Hegels Naturphilosophie heute mit Gewinn die Rolle einer Theorie eher der Naturpoesie als der Naturwissenschaft spielen und die psychologische Grundlegung einer Ästhetik verfeinern. Damit würde diese Naturdialektik in die Anthropologie zurückgeholt, auf die der Idealist Kant seine philosophischen Grundfragen ohnehin reduzierte, und in die Geisteswissenschaften zurückgeholt, von der sie sich, will man den Physikern glauben, ohnehin niemals weit genug entfernt hatte, so daß der menschliche Geist das "Andere seiner selbst", die Natur, an ihm selbst hat und sogar *„an ihm selbst ist",* was laut Dieter Henrichs Rekonstruktionsversuch die dialektische Grundoperation darstellt.

Die Standpunkte, die das Subjekt zu Phänomenen der äußeren und seiner eigenen Natur affektiv, volitiv und kognitiv einnehmen kann, können einander widersprechen und dennoch tolerieren, was in der physikaischen Natur schwerlich möglich wäre, und müssen sich über sich hinausentwickeln, indem sie relevante Etappen geregelt durchlaufen.

Wenn diese erzidealistische Naturspekulation in den "objektiven Geist" der kollektiv diskutablen Kultur neu eingegliedert würde, entfiele der nicht zu gewinnende Wettlauf mit der Naturwissenschaft, ohne der subjektiven Willkür und Beliebigkeit zu verfallen, die Hegel an den romantischen Dichterdenkern so mißfiel und fürchtete. Was er an Naturphänomenen rational rekonstruieren wollte, wäre dann nur eine etwas genauere Explikation dessen, was die "natürliche Seele" im anthropologischen Teil seiner "Phänomenologie des Geistes" ("Enzyklopädie der philosophischen Wissenschaften", 1830, Band III) empfindet und wahrnimmt.

Was bei Sartre freie existenzielle Zukunftsprojekte sind, in deren Beleuchtung reale Objekte und ihre Wesensqualitäten erst auftauchen, ist bei Hegel die ebenso freie Selbstentwicklung des gottmenschlichen Geistes durch unvereinbare Verstandpunkte hindurch. Die existenziell psychoanalytische Lektüre der Naturdialektik (als Abfall der Vernunft von sich selbst) würde Kierkegaards existenziellen Aufstand gegen die "vernünftige Allgemeinheit" des Zeit- und Weltgeistes schon ein gutes Stück weit demotivieren können.

Bei Conrad-Martius (im weiteren nur abgekürzt: HCM) wird aus "Untergründen und Übergründen" das Reale erst konstituiert, das für Hegel und Sartre schon fertig vorgegeben ist, aber herausaktualisiert wird es bei HCM aus "höheren" und "tieferen" Urpotenzen, die für Sartre und Hegel schon als fix und fertiges Sein und Bewußtsein figurieren. HCM sah die Materie selbst so "ekstatisch" strukturiert wie die Existenzphilosophen nur den Menschen, aber auch Hegel beschreibt ja die außermenschliche Natur nur, soweit in ihr der geistige

Begriff schon heraufdämmere.

Die *Analogia entis* waltet nicht nur theologisch zwischen Schöpfer und Geschöpf, sondern evolutionstheoretisch auch zwischen der grünen und menschlichen Natur. Die "selbstüberschreitende" und selbstdifferente Bestimmung findet HCM bereits in jeder unbelebten Natur am Werk, und doch scheint das ein anthropologisches Konstrukt, welches anthropomorphistisch von der inneren auf die äußere Natur projiziert wird, ohne sich ganz zu durchschauen.

Dieses noch bei heutigen Kosmologen wie Stephan Hawking fruchtbare "anthropische Prinzip" der Naturforschung ist ein hermeneutischer Zirkel, den auch W. Heisenberg in subatomarer Naturerkundung so arbeiten sah, daß wir mikrokosmischen Wesen in der submikrokosmischen Natur "nur uns selber begegnen", also lediglich den Korrelaten unserer naturverhörenden Versuchsanordnungen, sobald diese in die Größenordnungen ihrer Untersuchungsobjekte kommen.

Interessant sind besonders die ersten Paragraphen von Hegels Naturphilosophie, in denen der geistfernere Anteil an anorganischen Massen und Elementen noch am höchsten ist (und - wie laut Sartre passager in der sexuellen Wollust - das An-sich noch über das Für-sich siegt, indem das Bewußtsein "im Sein versinkt und verklebt"). Das "materielle Immaterielle" des Lichtes vereinigt bereits wie ihr gemeinsamer Schwerpunkt, der außerhalb von ihnen liegen kann, die raumzeitlich verstreut auseinander liegenden Dinge. Sartre sah umgekehrt im raumstiftenden Selbstabstand des Bewußtseins ein menschliches Spezifikum. Die Schwerkraft zieht nun bei Hegel ganz anders als bei HCM die Massen schon ganz ähnlich zusammen, wie die Seele die „membra disiecta" des Leibes und der Oberbegriff seine Objekte integriert. Das geistferne "unendliche In-sich-sein des Massenhaftigen" (HCM) deutet Hegel als entfremdete Form geistiger "Innerlichkeit", und das lumen naturale der Vernunft ist so wenig erfahrbar, daß es Erfahrung allererst möglich macht, ganz ähnlich wie das Licht unsichtbar sei, soweit es anderes überhaupt erst sichtbar mache.

Hat HCM das Wesen leiblicher Regungen nur projiziert auf das Wesen materieller Körper, also das Lebewesen auf das Wesen des Unbelebten? Schon der Term "massenzentrierendes Hinter-sich-zurück und Unter-sich-hinweg" bei HCM erinnert an die "personale Regression" auf "leibliche Enge" bei dem Affektphänomenologen Hermann Schmitz, und das "selbsttranszendierende Über-sich-hinaus und Aus-sich-heraus" (HCM) läßt denken an die "personale Emanzipation" zu "entfalteter Gegenwart", die das Weite aus leiblicher Enge suche. Es ist ganz so, als würde HCM auch die anorganische Körperlichkeit ähnlich beschreiben wie Hermann Schmitz nur die menschliche Leiblichkeit. "Leibliche Engung" entspräche da der "hyletischen Selbstversenkung" und "leibliche Weitung" einer "einräumenden Selbstenthebung". "Privativ schwellende Weitung" koppelt sich dort von der "simultan konkurrierenden" "leiblichen Engung" ähnlich ab wie die „reine Selbstenthebung" von der "massenhaften Selbstversunkenheit" etc.

Die gleichsam "manisch" privative Selbstenthebung wird durch keine quasi "depressive" Engung gehindert, lichthaft zu verstrahlen oder diffus zu zerstreuen, und holt keine Portion "Weltstoff" aus dem "Ungründigen" herauf, um daraus materielle Dinge zu formen. Eine "privative Engung" (H. Schmitz) wäre bei HCM eine privativ abgespaltene "Selbstversenkung", die durch keine quasi hypermanische "Selbstenthebungspotenz" daran gehindert würde, in der zentrierten Singularität der eigenen bodenlosen Untiefe wie in einem *schwarzen Loch* auf Nimmerwiedersehen zu verschwinden. Beide "Seinskräfte" verhindern im "privativen" Status die reale Erstellung stabil konkreter Dinge.

Der Naturidealist Hegel und die drei Phänomenologen HCM, Sartre und Hermann Schmitz verfolgen sehr unterschiedliche Ziele mit unterschiedlich gedeuteten Methoden und Ansätzen, aber die Relationen zwischen ihren dualistischen Grundprinzipien haben gut analoge Strukturmerkmale, die es wohl wert sind, hervorgehoben zu werden. Conrad-Martius fällt aus dieser Reihe heraus nur durch ihr naturphilosophisches und metaphysisches Grundinter-esse, aber diese Besonderheit schwächt sich wieder ab, wenn man mitbedenkt, daß ihre realontologischen Grundbegriffe auch eigentümlich psychische Valeurs unwillkürlich assoziieren lassen. Wie Heidegger es oft abgewehrt hat, seine doch ontologisch gemeinten Begriffe "vulgär ontisch" fehlzudeuten, so warnt auch HCM immer wieder davor, ihre nur "transphysisch" gemeinten Konstrukte platt physisch und empirisch mißzuverstehen. Aber die terminologisch zugerichteten Begriffe können, um überhaupt verständlich zu bleiben, ihre metaphorisch "vulgäre" Herkunft aus der alltäglichen Umgangssprache niemals ganz abstreifen. "Sachbesessen" nannte sie sich, doch diese Sachlichkeit ist nicht zuletzt ein "tua res agitur", und der Leser kann glücklich sein, wenn auch seine Sache dort gleich mitverhandelt wird. "Ek-statisch" strukturiert ist eben nicht der Mensch wie die Materie, sondern die Materie wie der Mensch.

Die "personale Regression" auf "primitive Gegenwart" der "leiblichen Enge" verhält sich beim Gefühlsphänomenologen *Schmitz* zur numerisch zählbar "entfalteten Gegenwart" wie die "hypokeimenale Selbstversenkungsdynamis" ("absolute Schwere") zur "peraiounischen Selbstenthebungsdynamis" des Lichtes der Vernunft bei *HCM,* wie die Schwerkraft der trägen Masse zum raumzeitlichen "Auseinander" aller toten Massenpunkte bei *Hegel* und wie *Sartres* Absturz ins opak leibhaftige Ansichsein, das uns stets "zuviel" sei, zur Erhebung ins freie Bewußtsein des aktionistischen *Fürsichseins.*

Die Schwerkraft, die eine Masse zu ihrem externen Schwerpunkt drängt, deutet Hegel im Gegensatz zu HCM nicht als ein Wesensmerkmal seiner geistfern "zentrierten Massenhaftigkeit", sondern als ein erstes Anzeichen von einheitsstiftender Idealität inmitten aller Realitäten. Im massenzusammenziehenden Gravitationszug zum materiellen "Insichsein" wird Hegel bereits einer materiellen Vorform von geistiger "Innerlichkeit" inne, während die potentiell unendliche "Repulsion" der Materie zum Neben- und Nacheinander, die "Zerstäubung" in unendlich viele unendlich kleine Individuen und Raumpunkte gleichsam das geistlos Natürlichste an der Natur sei.

Hegel begreift wie Aristoteles das Ganze der „individua ineffabiles" als eine apeirische Urnatur und als eigentlichen Gegenpol geistiger Allgem-Einheit. Alles, was die zerstreuten Individuen verbinde, und sei es nur ihre Eigen-Schwerkraft, erinnert ihn schon an den integrativ vergleichenden Allgemeinbegriff, unter den das wimmelnd Zahllose fällt. Nach dem Gewicht ist es dann näher das alles offenbarende Licht, in das alles getaucht sei, das Hegel als identifizierendes (und HCM als unendlich verstreuendes) Geistprinzip versteht.

Licht und Gewicht vereinigen in der "Realdialektik" schon vorbegrifflich, was Raum und Zeit dann zu allen "apeirischen" Individuationen unendlich zerstreuen. Auch HCM sieht im Lichthaften und Massenhaften metaphysische Urpotenzen und nicht nur empirische Objekte wie Lichtwellen und Korpuskeln, die aus „Überhelle" und „Unterdunkel" durch ein Zusammenwirken dieser Urkräfte allererst erstellt werden. Hier sei es die rein ontologische *Selbstenthebungsdynamis*, die alles zerstreue und erst den „prämetrischen Raum" einräume, und die „transphysische Selbstversenkungskraft", die alles zentrisch zusammenlaufen lasse. Aber unendliche Diffusionskräfte seien beide. "Die eine Potenz ist unerschöpflich enthebend oder zerstreuend, die andre unerschöpflich versenkend oder zentrierend." (HCM : "Der Raum", München 1958, S. 97 f.)

"Bei dem zentrisch Geeinten gibt es überhaupt keine zwei "trennbaren" Punkte. Es stellt, wenn man so sagen darf, seinsdynamisch die bis ins Unendliche gehende "Identität" dar. Bei dem *peripherisch peraiounischen* "Außer-sich-selbst" gibt es hingegen keinerlei zu vereinigende Punkte ... Es ist unmöglich, von einem zum anderen zu gelangen, weil es über einen unendlichen Horizont hinüberginge ... absolute Diskontinuität ... Alles ist ins Unendlich außerhalb von Allem ...

Alles bildet ein "Jenseits" zu Allem." (a.a.O., S. 105 f.) Jede der beiden sei ein "diffusivum sui, unerschöpflich, im Geben und Wirken niemals abnehmend." (a.a.O., S. 106) Dieses vag Diffuse des "unerschöpflichen Gegenstandes" hat auch Hermann Schmitz immer wieder detailliert untersucht und beschrieben.

Er sieht eine *"chaotische Mannigfaltigkeit"*, also eine aktuale „Unentschiedenheit hinsichtlich Identität und Verschiedenheit", in "vielsagenden Eindrücken" und in "personaler Regression" auf die "leibliche Enge" beim "affektiven Ergriffensein", HCM das *Chaotische* hingegen in innerer Schwerkraft, unter deren Druck, wenn keine gegensinnige "peraiounische Selbstenthebung" das verhindert, schon das Unbelebte in der Untiefe seiner eigenen zusammengeklumpten Singularität versinkt und "sich selber unendlich untersteigt". "Das Apeiron gliedere sich in Chaos und Peraioun. Das Peiron (metrischer Raum, R. S.) sei nur transzendental-imaginativ. Das Chaos ist immer und überall, weil wesenhaft in sich hinein. Das Peraioun seinerseits ist immer und überall, weil wesenhaft über sich hinaus. Es ist der Übergrund, die Unleere schlechthin." (a. a. O., S. 102). – "Aus Versenkungsdynamis und Enthebungsdynamis konstituiert sich in Realsynthese die konkrete Materie." (a. a. O., Seite 104) "Sie ist als solche unermeßlich über sich hinaus, aber hierin ebenso unergründlich in eins." (a. a. O., S. 93)

"Raum und Materie sind unendlich aus sich heraus. Sie ist aber auch unendlich in sich hinein." (a.a.O., S. 97) Dieser formalen realontologischen Struktur entspricht bei Schmitz das anthropologische Konzept der personalen Biographie aus dem nuancenreichen Zusammenspiel von Regression und Emanzipation oder von leiblicher Engung und Weitung.

Bei Hegel vereint der Geist im Begriff, was die Natur in Raum und Zeit zerstreut, während nur bei HCM allein die "zentrierte Massenhaftigkeit" "verinnerlicht", was die lichthaft zerstrahlende "reine Selbstenthebungsdynamis" "veräußerlicht", und bei H. Schmitz "entfaltet" sich zu Hier und Jetzt, Diesem und Jenem, Sein und Nichtsein, wie bei "numerisch zählbaren" Blütenblättern, was bei Tieren, Babys und Idioten noch knospenhaft verschmolzen ist oder in Angst und Schrecken, auch in Weinen, Jähzorn oder Albernheit, wieder in "chaotische Mannigfaltigkeit" versinkt.

Was an Integration bei Hegel das kognitive Begreifen - oder dessen naturliche Vorform in Licht und Gewicht - leistet, das vollbringt bei H. Schmitz im Gegenteil das "affektive Ergriffensein", dessen Eindrücken der Begriff nur "nachleuchten" könne. Solcher "primitiven Gegenwart", dem jähen Abreißen der kontinuierlichen Dauer des Dahindösens, entspricht bei Sartre das jederzeit drohende Versinken des Bewußtseins im An-sich-sein und bei HCM die gequantelte Diskontinuität der "hüpfenden Realzeit".

Jean-Paul Sartre genießt das "reine Bewußtsein" als transzendierende Freiheit vom Kontinuum des An-sich-seins, als einen ontologischen Interruptus, und den Verstand als raumschaffenden Abstand von seinem Gegenstand. Das Bewußtsein sei nichts als permanentes Sich-losreissen vom Sein (samt seinem eigenen). Auch HCM sieht im Ego cogito die geistige Selbsttranszendenz aus dem Weltzentrum heraus und Schmitz die

Besonnenheit als personale Emanzipation von "affektiver leiblicher Engung".

Der *Raum* ist für Hegel der äußere Sinn für "reines Auseinander" als das Individuationsprinzip der noch unbegriffenen Verschiedenheit, für Sartre primär der Selbstabstand des sich permanent transzendierenden Cogito, für HCM aber *unter* dem "transzendental--imaginativen Kontinuum" des metrischen Raumes ein undurchmeßbar „apeirisches Diskontinuum" aus purem transphysischem "Insichhinein" und "Aussichheraus", für Herm. Schmitz schließlich primär ein von "randlos ergossenen Atmosphären" überwältigter "Gefühlsraum" bzw. ein "Weite- und Richtungsraum vom absoluten Ort des Leibes weg".

Die *Zeit* ist bei Hegel der innere Sinn für reines "Außereinander", die reine „Negativität des Sichverzehrens", bei Sartre primär der Zukunftsentwurf, welcher Gegenwart und Vergangenheit erst konstituiere, bei HCM primär eine diskontinuierlich hüpfende "Seinsbewegung" an der jeweiligen "Weltfront der Augenblicksjetzte" entlang und bei H. Schmitz primär eine "vom Hof der Protentionen und Retentionen umgebene primitive Gegenwart", die die Vergangenheit aus sich verabschiede und in hereinbrechenden Affektstürmen urplötzlich oder panisch ein kontinuierliches Dahindämmern chaotisch unterbreche.

Bewegte physische Körper werden bei HCM erst aus ihren "transphysischen Ermöglichungsgründen" je und je gequantelt "herausaktualisiert", bei Hegel aber durch eine raumzeitliche "Repulsion" zerstreut und durch Licht bzw. Gewicht wiedervereinigt. Bei H. Schmitz sind sie primär in Gefühlen und Erregungen erspürte Leiber jenseits der anatomisch objektivierbaren Körper, vital schwingend zwischen "epikritischer Spannung" und "protopathischer Schwellung", zwischen Engung und Weitung, die einander manisch-depressiv abwechseln oder sich schizophren voneinander abspalten können. Bei Sartre ist der physische Körper primär das nur "kontingente Ansichsein", von dessen "überzähliger" Klebrigkeit das menschliche Bewußtsein sich notwendig befreie und für die Dauer von Affekten gelegentlich wieder "verschlingen" lasse.

Das abgründig Unheimliche der Welt sah Schmitz in dem die Besonnenheit ständig bedrohenden Absturz in "personale Regressionen", HCM hingegen nicht nur in dieser Selbstversunkenheit, sondern auch in der ebenso *trans*physischen, wenngleich nicht psychisch gemeinten "Untiefe" einer verstiegenen Selbstenthobenheit, Sartre aber wie Kierkegaard im "Schwindel der Angst vor der eigenen Freiheit" *von* allem und *für* alles, also in einer "entfremdeten Subjektivität" (Schmitz) reflexiver Emanzipationen von allen subjektiven Fakten und der Abstraktion von allen objektiven Fakten.

HCM und H. Schmitz, der Natur- und der Affektphänomenologe, gehen beide hinter Kant zurück auf Aristoteles und ziehen den Erinnerungen und Erwartungen die jeweilige Gegenwart vor, während ein Sartre den Zukunftsplan und ein Hegel das Gewesene wesentlicher finden. "Privative Engung und Weitung" (H. Schmitz) sind formal leiblich, was materiell "chaotisches Insichhinein" und "archonales Übersichhinaus" (HCM) sind. Der physische Körper steht ja zwischen ontologischer Selbsttranszendenz und Immanenz (HCM) wie der genuin menschliche Leib zwischen kognitivem Begreifen und affektivem Ergriffensein (Schmitz), die menschliche Existenz zwischen "Selbstüberschreitung" und "Geworfenheit" (Sartre) oder zwischen "Selbstentäußerung" und "Selbsterinnerung" (Hegel). Wie erst Sartres Zukunftsentwurf der Aktion die gegenwärtigen und vergangenen Objekte sichtbar machen kann, so macht auch die "archonale Selbstübersteigung" allererst leibhaft offenbar, was in der "hypokeimenalen Selbstuntersteigung" (HCM) quasi nur dämonisch verschlossen liegt. Und auch die individuellen Selbstobjektivationen realisieren erst, was in Hegels abstrakt "ansichseiendem" Begriff impliziert war, wie auch bei Schmitz die personale Emanzipationsleistung erst an abzählbarer Vielfalt entfaltet, was in der "primitiven Gegenwart" der Affektbetroffenheiten "chaotisch eingeschmolzen" ist (H. Schmitz). – "Dieser Teil ist der schwierigste in der Natur, denn er enthält die endliche Körperlichkeit." (Hegel : "Enzyklopädie", § 273)

HCM entdeckt das auszeichnend spezifisch Menschliche eben nicht wie Heidegger und Sartre schon im "existenziellen Sich-vorweg-sein", das sie umgekehrt bereits im materiell Anorganischen vorfindet, sondern eher darin, daß dieses reine "Übersichhinaus" nur im Menschen noch einmal über sich hinausgesetzt und ihm darin zugleich grundsätzlich entzogen sei, obwohl er "bei sich" ist. Schon das Tier fühle "sich", aber erst der Mensch sage "ich": "Auch dem Menschen, wie jedem animalischen Wesen, kommt eine Sichheit zu, insofern er mit seiner selbsthaften Subjektivität hinter seiner körperlichen Ausgestaltung steht. Dadurch erst wird die körperliche Ausgestaltung zu einer wahrhaften Leiblichkeit. Aber erst beim Menschen ist die Sichhaftigkeit dem Selbst noch einmal zurücküberantwortet. Dieser Sachverhalt wurde "zweite Retroszendenz" genannt." (Hedwig Conrad-Martius : "Die Geistseele des Menschen", München 1960, Seite 10) "Die Zurückversetztheit des personalen Ichs hinter sich selbst stellt eine unendliche "Untiefe" dar, in der sich dieses Ich selber seinsmäßig nicht mehr findet." (l. c., S. 11)

Hegels "philosophische Anthropologie" liegt noch vor seiner "Phänomenologie des Geistes" im "subjektiven Geist" der "Enzyklopädie" von 1830. Der höchste Punkt der "natürlichen Seele" sei die sinnliche Empfindung (§ 399), die "schlechteste Form des Geistigen", die es mit der "noch nicht durch sie hervorgebrachten, sondern nur von ihr vorgefundenen" Natur zu tun hat, soweit diese durch die Sinne mit der menschlichen Natur vermittelt wird, obwohl durch Denken "der Mensch sich vom Vieh unterscheidet, und daß er das Empfinden mit diesem gemein hat." Hegel fordert hier schon so etwas wie Psychosomatik: "Das System des inneren Empfindens in seiner sich verleiblichenden Besonderung wäre würdig, in einer eigentümlichen Wissenschaft, einer psychischen Physiologie ... abgehandelt zu werden." (a. a. O., § 401)

Das Licht im Gesicht sei der "physikalisch gewordene Raum": "Das Licht manifestiert Anderes, dies Manifestieren macht sein Wesen aus; aber in sich selber ist es abstrakte Identität mit sich, das innerhalb der Natur selber hervortretende Gegenteil des Außereinanderseins der Natur, also die immaterielle Materie. Darum leistet das Licht keinen Widerstand... ist es absolut leicht... Wir verhalten uns dabei zu den Dingen gleichsam theoretisch, noch nicht praktisch." "Der

Ton ist das Zeitlichgesetztwerden der Körperlichkeit, die Bewegung, das Schwingen des Körpers in sich selbst, ein Erzittern... " — Für den Geruch "gehen die Körper durch ihre eigene Natur unter, verzehren sie sich selber ... Prozeß des stillen, unmerklichen Sichverflüchtigens aller Körper, das Verduften... " Hegel untersucht den Geschmack des "Süßen, des Bitteren, des Kalkigen, des Saueren und des Salzigen". – "Überhaupt ist das (Tast-)Gefühl das materielle Fürsichsein ... nicht nur das Gewicht, sondern auch die Art der Kohäsion - das Harte, das Weiche, das Steife, das Spröde, das Rauhe, das Glatte, Elastische", also jene Objektqualitäten, die Sartres „existenzielle Psychoanalyse" als spezifische Konstellationen von Ansich und Fürsich interpretiert und die das altchinesische "I-Ging" als Konstellationen von "Yin" und "Yang" versteht.

Die 64 Hexagramme des "I Ging" entstehen aus acht mal acht Trigrammen (geistige Urbilder, Ideen, in Analogie zu Naturbildern):

Gen / Berg / Saturn / Stillhalten, Anhaltendes

Kan / Wasser / Mond / Westen, Herbst, Abend / melancholisch Dunkles, Tiefes, Abgründiges

Sun / Holz / Jupiter / Sanftes, Eindringliches

Kien / Himmel, Luft / Sonne / Süden, Sommer, Mittag / sanguinisch Schöpferisches

Dui / See / Venus / Heiteres

Li / Feuer / Merkur / Osten, Frühling, Morgen / cholerisch Helles, Klares, Haftendes

Dschen / Donner / Mars / Bewegendes, Erregendes

Kun / Erde / Erde / Norden, Winter, Nacht / phlegmatisch Empfangendes, Hingebendes

Diese acht Wesensgrundzüge haben gleichzeitig subjektive und objektive Bedeutung aus der Entsprechung zwischen Vatergott und Mutter Erde, zwischen dem Himmel (männliche Yang-Realität) und der Erde (weibliche Yin-Ordnung).

Die vier Grundelemente blieben bei Aristoteles laut HCM noch physisch-metaphysisch zweideutig: „ "Feuer" (entspräche) dem Superätherischen bzw. dem Peraioun (als Elementardynamismus), "Luft" dem Superäther (als Vollelement), "Wasser" dem Subäther bzw. der Masse (als Vollelement), "Erde" dem Subätherischen bzw. dem Massenhaften (als „chaotischem" Elementardynamismus)." ("Der Raum", a. a. O., 186)

Es verhält sich Feuer zu Luft wie Erde zu Wasser oder Erde zu Feuer wie Wasser zu Luft. Hegel sieht darin *nicht* transphysische Potenzen, sondern immaterielle Materie: "Die Luft ist das ... passive Licht, überhaupt das Allgemeine als passiv gesetzt ... Das Wasser ist ... das passive Sein-für- Anderes, während das Feuer aktives Sein-für-Anderes ist ... Die Luft ist ein schlafendes Feuer", die Erde das "allgemeine Individuum".

Man kennt Zenons Paradox : Jede endliche Strecke ist gewöhnlich durchmeßbar und doch auch "eigentlich" gar nicht durchmeßbar, sofern sie unendlich teilbar ist. HCM zitiert zustimmend Alexandre Koyré, wo der über das paradoxe Kontinuum spricht: "Es ist sozusagen die Andersheit an sich selbst... Man kann es nicht zählen und nicht messen. ... es ist eine nicht einige Einheit und ein nicht vielfältiges Vielfaches. Es ist das wahre *me on,* das Chaos ohne Grenze und Zahl... dieses Bastardwesen." ("Der Raum", München 1958, Seite 67 f.) Auch Schmitz spricht von der "chaotischen Mannigfaltigkeit des Kontinuums gleitender Dauer und Weite" ("Neue Grundlagen der Erkenntnistheorie", Bonn 1994, 160) und von der "binnendiffusen Stetigkeit des Kontinuums als "Medium freien Werdens" " (a.a.O., S. 320).

Für HCM ist die objektive Realzeit diskontinuierlich gequantelt und das passierbare Raumzeitkontinuum nur "transzendental-imaginativ". Also nur subjektiv verbinde unsere Einbildungskraft, was in jedem Hier und Jetzt aus unendlichen Unter- und Übergründen an endlichen Körpern herausaktualisiert werde.

"Es gibt zwei Stufen der Individuation, d.h. des Gewinns von Identität und Verschiedenheit im chaotischen Mannigfaltigen. Auf der tieferen Stufe geschieht die Individuation in Gestalt der primitiven Gegenwart, die das ergossene Dahinleben und Dahinwähren zerreißt, auf der höheren durch Emanzipation des Dieses bei Entfaltung der Gegenwart. Die tiefere Stufe ist eine Voraussetzung der höheren. Erst wenn das Kontinuum der Dauerweite irgendwo einmal durchbrochen ist, kann es weit und breit der Individuation unterworfen werden." (Hermann Schmitz: "Der unerschöpfliche Gegenstand", Bonn 1995, S. 258).

"Personale Regression" holt bei H. Schmitz aus dem chaotisch kontinuierlichen Dahinleben urplötzlich eine "primitive Gegenwart leiblicher Enge" hervor, aus deren unabzählbar "chaotischer Mannigfaltigkeit" die "personale Emanzipation" weitere numerisch zählbare Diskontinua hervorreizt. Formal ähnlich holt bei HCM eine kontinuierlich wirkende "apeirische Selbstenthe-bung" aus der ebenso kontinuierlichen "apeirischen Selbstversenkung" (und diese umgekehrt aus jener) "je und je" die abzählbar diskontinuierlichen, diskreten Singularitäten an Hier und Jetzt und an den endlichen Körpern hervor (die dann nur unsere transzendentale Einbildung in ein subjektives Raumzeitkontinuum wieder einbindet). Sowohl Regression als auch Emanzipation bei Schmitz wirken ebenso individuierend diskontinuierlich wie aufeinander treffende Selbstversen-kung und Selbstenthebung bei HCM, als jeweiliger "Einbruch des Neuen", hier primär körperlich objektiv , dort leiblich subjektiv.

+ + +

Zarte Idyllen, harte Satiren

Grundzüge einer Ästhetik der Passionen ohne Interaktionen

Denken lebt von lebendiger Konkurrenz ausgewählter Antagonisten, z. B. von versöhnlich weicher Einbettung und kritisch harter Abgrenzung, die literarisch ihre atmosphärisch bevorzugten Medien in der Bukolik und der (gnomisch zuspitzbaren) Satire haben. Legt man die "empirisch ernüchterte" Neue Phänomenologie von *Hermann Schmitz* terminologisch zu Grunde, könnte authentisches Leben auch verstanden werden als ein Versuch, sich affektiven Ergriffenheiten auszusetzen, ohne objektive Begrifflichkeit opfern zu müssen, und umgekehrt "emanzipierte" Gedanken zu fassen, ohne sich der Bewährungsprobe der "regressiven" Gefühle verweigern zu müssen. Das philosophisches Denken würde den alten Seelenfrieden inmitten von Affektstürmen zu bewahren helfen, wie eine metaphysische Sprache die idyllische Ruhe, also Stille und Stillstand, inmitten aphoristisch pointierter Überraschungen und Verwirrungen gestaltet. "Protopathisch verschwimmende" Idyllik sucht nicht anders als eine eher "epikritisch zuspitzende" Aphoristik das "leibhaftige Weite", um nicht ausweglos in die "leibliche Enge" von Angst und Schrecken, Schock und Rührung getrieben zu werden. Philosophie verliere vor lauter Betroffenheit nicht die Besinnung, aber vor lauter Begrifflichkeit auch nicht ihre Ergriffenheiten. Ihre "entfaltete" Geistesgegenwart sucht ständig sich zu behaupten gegen die "chaotischen Verhältnisse", die in der "primitiven Gegenwart" jeder affektiven Überwältigung herrschen. Durch idyllisch strömende Gefühle erzeugt sie "privative Weitung", die von der leiblichen Einengung losgekoppelt ist, durch aphoristisch pointierte Gedanken schafft sie aber eine "ästhetische Distanzierung" oder "personale Emanzipation" von dieser "personalen Regression".

Der satirische "Epikritiker" arbeitet mit "spielerischer Identifizierung" von unvereinbaren Vorstellungen, die im "Kapieren des Witzes" dann aber wieder eindeutig getrennt werden. Sein eher idyllischer Konkurrent in Gedanken arbeitet stattdessen mit "Ausleibung", die laut Schmitz besonders empfänglich mache für phänomenologisch impressionistische "Wesensschau" absoluter, d.h. von den Dingen losgelöster Sinnesqualitäten. Diese "Ausleibung", die sich ausgieße in objektfrei "prädimensionale Tiefe", bilde ein "protopathisch dumpfes" Dauerkontinuum "entspannten Dahinlebens", das nicht nur von Schrecken und Weinen unterbrochen werden könne, sondern auch von epikritischen Nadelstichen aphoristischer Überraschungen etwa. Gegen Affektbedrohungen fährt die Gnomik eher personale Emanzipationsniveaus als leibliche Schwellungszustände auf, während die Idyllik eher "privativ" und "protopathisch" das Weite sucht, als objektivierend von den Affektverwirrungen intellektual zu abstrahieren. Ein idyllischer Impressionismus und ein aphoristischer Pointillismus in "Simultankonkurrenz", bald mit Dominanz übereinander, bald im rhythmischen Wechsel miteinander, bilden den philosophischen Gehalt in seiner literarischen Gestalt. Von eigenleiblichen Spannungen entlasten sowohl die idyllisch schwebende Schönheit "zart schimmernder Fernen" als auch die "ästhetische Überlegenheit" epikritischer Sentenzenklugheit und Weltgewandtheit.

Gedanken erheben sich im Wechselspiel von pointierter Witzweisheit und idyllisch entrückender Heiterkeit. Beides, die aphoristische Pointe und das idyllische Kontinuum, verhält sich psychologisch vielleicht nicht schlicht wie das Männliche zum rein Weiblichen, aber doch wie die patriarchalisch triangulierte zu der „primär-narzißtisch" dual-unionistischen Mutter-Kind-Symbiose der frühen, philosophisch rekonstruierbaren Kindheit.

"Totale Kommunikation wäre ein Ersticken an der Gemeinsamkeit des kulturellen Horizonts." (*Martin Seel*: „Eine Ästhetik der Natur", Frankfurt am Main 1991, S. 325) "Der primäre Charakter von Kontemplation und Imagination, gerade soweit es sich um selbstzweckhafte Vollzüge handelt, ist der eines *nicht*kommunikativen Tätigseins..." (351) Interesse am interesselosen "Heraustreten" in die Natur sei ein "unmerklicher Übergang von einem ästhetischen zu einem moralischen Interesse" (365). "Zur Anerkennung des ästhetischen Werts "freier" Natur brauche es auch nicht das Programm einer "Befreiung" der Natur ("als Mittel der Befreiung des Menschen"), das Marcuse dem Emanzipationsideal der Ausklärung zur Seite gestellt habe. Die "Anerkennung" der Natur "als Subjekt" ist die falsche Anerkennung der Natur." (S. 366) Natur ist eben nicht nur eine Hexe oder gute Mutter.

M. Seel wirft Adorno nicht weniger als Schopenhauer die metaphysische Überhöhung des rein Ästhetischen vor, als würden beide das sinnfremd kontingente und vergänglich vereinzelte Naturschöne nicht einfach lediglich kontemplieren wollen. Schopenhauer hebe es auf in zeitlos idyllische Ideen, Adorno in anti-idyllische Kunstwerke. In der Tat ist Kunstgenuß für Adorno die imaginierte Antizipation besserer Welten, für Schopenhauer hingegen schon die (zweit)beste der denkmöglichen Welten selbst (gleich nach Nirwana-Askese), für diesen also eo ipso eine geschichtslose Idylle, für jenen aber eine ferne Zukunftsutopie. Alle drei jedoch, ob sie nun Ideen, Sprachen oder Sinnentlastung darin suchen, haben doch gemeinsam, das Naturschöne - anders als Hegel - leider nicht länger als sinnfälligen Widerschein überlegener göttlicher Schöpfungsintelligenz zu apperzipieren.

Gegen Hegel wäre das "Buch der Natur" aber über die anderen Bücher zu stellen, gegen Adorno die Naturkontingenz keineswegs artistisch *aufzuheben,* gegen Seel Naturschönheit als ein sinnlicher *Sinn* aufzufassen, gegen Schopenhauer aber ästhetische von theoretischer Kontemplation zu trennen. "Die dem interesselosen Wohlgefallen zu Grunde liegende Bewußtseinshaltung ist die Kontemplation. Sie ist charakterisiert durch die Distanz zum Wollen und Handeln." ("Schönheit" in: *Metzler Philosophie Lexikon,* Stuttgart 1996)

"Protopathisch ist die Tendenz zum Dumpfen, Diffusen, Ausstrahlenden, wenn die Umrisse verschwimmen, epikritisch die schärfende, spitze, Punkte und Umrisse setzende Tendenz." *(Hermann Schmitz:* "Der unerschöpfliche Gegenstand", Bonn 1995, Kap. 3.1.4) Nicht materialistische, doch leibhaftige Philosophie wäre denkbar als Widerspiel von "epikritischen" Zuspitzungen eines Aphoristikers und "privativer Weitung" eines ("von Spannungen entlasteten") Idyllikers in "sanfter, schmelzender, zärtlicher Wollust", "wenn ihm in friedlich schöner, freier Natur das Herz aufgeht" oder "ein Stein vom Herzen fällt". Die Philosophie könnte sich hier entfalten als ein Rhythmus zwischen protopathischer "Ausleibung" in phänomenologischer "Wesensschau" **und** epikritischer "Emanzipation von leiblicher Enge". Auch die Realontologin H. Conrad-Martius erwähnt "sinnliche Ichhaltung" "durch vollständige Gelöstheit, Inaktivität und Entspanntheit", die in einer rezeptiven "Wesensschau" die absoluten Sinnesqualitäten als Dinge an sich erfaßt.

In den Termini von H. Schmitz lebt *Aphoristik* von *"instabiler* Mannigfaltigkeit" abzählbarer "Witzgehalte", *Idyllik* aber von der unabzählbar *"chaotischen* Mannigfaltigkeit" in "Unentschiedenheit" zwischen Identität und Differenz. Das Feld numerisch eindeutiger Mannigfaltigkeiten bleibt allen Wissenschaftlern überlassen. *Hegels* oberster "Grundsatz der Identität von Identität und Nichtidentität" nimmt dann die selber idyllische Gestalt einer Philosophie idyllischer Kongruenz und satirischer Inkongruenz von Begriff und Realität an. In *Schillers* Aufsatz "Über naive und sentimentalische Dichtung" (1795) bilden Satiren und Idyllen weniger literarische Gattungsbezeichnungen als typologisch sinnreiche "Empfindungsweisen". Idylle "besteht also darin, daß aller Gegensatz der Wirklichkeit mit dem Ideale, der den Stoff zu der satirischen und elegischen Darstellung hergegeben hatte, vollkommen aufgehoben sei und mit ihm auch aller Streit der Empfindungen aufhöre." (Stuttgart 1989, S. 73 f.) Dichter "werden entweder Natur *sein,* oder sie werden die verlorene *suchen."* (25) Utopien figurieren dann als künftige und Elegien als verlorene Idyllen. Schiller verbindet Schopenhauers Ideenästhetik mit Seels Kontingenzästhetik: "So wie nach und nach die Natur anfing, aus dem menschlichen Leben als *Erfahrung* und als das (handelnde und empfindende) *Subjekt* zu verschwinden, so sehen wir sie in der Dichterwelt als *Idee* und als *Gegenstand* aufgehen." (25) Dieses ästhetische Verhältnis zwischen dem Einzelobjekt und seiner platonischen Idee ist ein satirischer Konflikt oder idyllischer Konsens. "Satirisch ist der Dichter, wenn er die Entfernung von der Natur und den Widerspruch der Wirklichkeit mit dem Ideale ... zu seinem Gegenstande macht." (37) Der Idylliker handele würdiger, als seine Theorie zugibt, während der Aphoristiker erhabener denke, als er handelt.

"Entweder ist es der *Widerspruch* des wirklichen Zustandes, oder es ist die *Übereinstimmung* desselben mit dem Ideal, welches vorzugsweise das Gemüt beschäftigt, oder dieses ist zwischen beiden geteilt." (66) Satirische Aphoristik sei "energische Bewegung", "Kraft des inneren Streits", (utopische oder realistische) Idyllik sei eine "energische Ruhe", "Harmonie des inneren Lebens", und die Elegien wechseln wehmütig zwischen Stille und Streit.

Dies behauptet es zu sein, doch das ist es wirklich! Für nur einen Moment sieht es so aus, als ob etwas seinem eigenen Begriff gemäß sei und genüge, bis man kapiert, daß das gar nicht der Fall ist, gleichgültig ob es sich nun um Irrtum oder um Vortäuschung handelt. Mindestens zwei eigentlich unvereinbare Vorstellungen, wie H. Schmitz schreibt, schieben sich bis zur Verwechslung verwirrend ineinander, bis ihre Unverträglichkeit schon im so gut wie selben Augenblick sich offenbart. Das Gefühl verschmilzt, was der Verstand unterscheidet, und der Intellekt trennt, was der Affekt vermischt. Dieses instabile Flackern von "Witzgehalten" zwischen eindeutigen und mehrdeutigen Bestimmungen läßt sich gerade *als* ein Oszillieren z. B. aphoristisch fixieren. Es scheint, als beuge sich der Affekt den Konventionen, die er tatsächlich im selben Moment bricht. Diese anarchische Triebregung überlistet laut Freud die soziale Zensurinstanz, die sie doch gleichzeitig zu erfüllen scheint, und der "Hemmungsaufwand" entpuppe sich als ablachbar überflüssig.

Der individuelle Trieb *widerspreche* der Überich-Zensur, der verinnerlichten Stimme sozialer Allgemeinheit, ja gerade dort, wo er ihr demonstrativ *entspreche*. Die Begierde blamiert das Gewissen wie die Sinnesempfindung das Verstandesurteil. Das Menschenkind tut auch vor sich selbst so, als folge es dem Inzestverbot, und folgt doch seinem Inzestwunsch — hinter seinem eigenen Rücken. Dieser ödipale Konflikt mit dem Vater, der die Mutter-Kind-Idylle erst einmal nachhaltig stört, ist sozusagen der psychoanalytische Witz bei der Sache (und ihrer Ursache).

Nun gibt es eine prä-ödipale und eine post-ödipale Mutter-Kind-Idylle, je nachdem, ob das Menschenkind noch ohne eine kastrationsdrohende Vaterfigur mit Mutter Natur allein und all-eins ist oder ob der dem Vater gehorchende Sohn den ödipalen Triebwunsch tatsächlich aufgibt und nicht nur verdrängt. Entweder also darf das Kleinstkind die Mutter wirklich noch ganz für sich haben oder das etwas älter gewordene Kind beteuert später, sie nicht mehr gegen den Vater für sich allein zu wollen — ohne daß seine bewußten Worte von seinen unbewußten Wünschen Lügen gestraft werden, was das Familienidyll wieder stören würde.

Der idyllisch anmutende Schluß-Konsens will alle satirisch darstellbaren Konflikte immer in sich aufheben und hat sie deshalb nicht noch vor sich, sondern schon hinter sich — wie ihrerseits jede Satire das paradiesische Ursprungsidyll immer schon unwiederbringlich hinter sich gelassen hat. Bloße Idyllen gibt es nur als "giftige Idyllen", die nur noch nicht wissen, daß sie im Grunde schon Satiren auf sich selber sind. Aber die satirisch bloßstellbaren Zustände treiben über sich hinaus wie die giftidyllischen selber. Satiriker, welche Widersprüche zwischen Anspruch und Realität bloßstellen, sind ebenso oft nur verkappte Idylliker, wie die Idylliker die künftigen und fälligen Satiriker nur oft noch in sich abgewehrt halten.

Elegische Trauer über verlorene Idyllen wie utopische Sehnsucht nach künftigen Idyllen bleibe hierbei einmal außer Betracht, da die zeitlichen Modalisierungen des künftigen, gegenwärtigen und vergangenen Idylls dem Bukolischen als solchem nichts hinzufügen, weil sie "Kategorumena" und "Existenz-Inductiva" und keine Attribute sind. *(Herm. Schmitz :* "Der unerschöpfliche Gegenstand", Bonn 1995, Kapitel 2.2.2.2)

Die "Schäfer-Idylle" wollte ursprünglich keine höfische Stilisierung des einfachen Landmanns sein, sondern eine literarische Idealisierung des bürgerschrecklichen Hirtennomaden. Satiren reflektieren die seit dem Sündenfall galoppierende Depravationsgeschichte der Hochkulturen, während Idyllen das verlorene Paradies nicht in dem von Gott verfluchten Acker(n) suchen, sondern im Garten Eden, der ursprünglichen "Kulturlandschaft Gottes" noch vor jeder menschlichen Naturbearbeitung.

Die Geburt der Dialektik aus dem Geiste der *romantischen Ironie*, um den hegemonialen Singularismus diskreter Körper zu vermeiden? "Der absolute Unterschied seiner von sich selbst, das Gegenteil seiner selbst zu sein, - diese Grundform der zweipoligen Dialektik, selbst schon eine Formalisierung der romantischen Ironie von Selbstschöpfung und Selbstvernichtung - wird für Hegel also gleichsam zum Gegenzauber gegen den Zauber der romantischen Ironie, der sich als das Absolute behauptenden Subjektivität, indem die übergreifende Subjektivität als negative Einheit der Idee, die Subjektivität und Objektivität versöhnend in sich aufgehen läßt, gegen die einseitige Subjektivität ausgespielt wird."
(*Hermann Schmitz*: "Selbstdarstellung als Philosophie. Metamorphosen der entfremdeten Subjektivität", Bonn 1995, Kapitel 2.4, S. 58 f.)

Wenn Hegels Dialektik die "rezessive und produktive Ironie" Schlegels, eine Radikalisierung von Fichtes "transzendentalem Zirkel" von Ich und Nicht-Ich, nur rationalisieren, also nur überbietend einfangen wollte, dann dürfen die totalen Abstraktionen und Selbstinvestitionen keine puren Willkürakte mehr sein wie bei den Romantikern, sondern müssen Gründe in der jeweiligen Sache haben, in die sich das Subjekt hineinentfremdet, um sich jederzeit wieder daraus lösen zu können.

Produktive Selbstbeschränkung und rezessive Selbstentgrenzung, Individualisierungen und Verallgemeinerungen, Selbstspezifikation und Abstraktionsvermögen, Abhängigkeit und Selbstbefreiung, Selbstsetzung und Selbstaufhebung, produktive Identifizierung und Distanzierung, Immanenz und Transzendierung, müssen dann laut

Hegel ihr *fundamentum in re* bekommen in den inneren Unvereinbarkeiten und Widersprüchlichkeiten aller Standpunkte, die sie über sich selbst hinaustreiben.

Die laut Hermann Schmitz "dreipolige Dialektik" im "Solidarbegriff der Vernunft" zwischen selbstbewußten Menschen würde eher der versöhnlichen Idylle nahe stehen, da der dritte Pol nach Hegel das Ganze der beiden Gegenteile repräsentiert und doch noch in jedem von ihnen ganz enthalten sein soll, während die "zweipolige" Dialektik jeder Bestimmung, ihr Gegenteil (und das Ganze beider) an sich selbst zu haben, der literarisch-philosophischen Gattung des aphoristischen Fragments näher stünde, die gegen jede Hegemonie dogmatischer Bestimmtheiten aufsteht.

Wenn Schmitz Recht hat mit seiner Hypothese und "Hegels Logik" (Bonn 1992) etwa seit der "Phänomeno-logie des Geistes" die dreipolige Solidar-Dialektik der "übergreifenden Subjektivität" als überlegen ausge-zeichnet habe, aber im weiteren doch inkonsequent stets wieder auf die zweipolige Wesensdialektik der „romantischen Ironie" zurückgefallen sei, dann hat Hegel, gleichsam wider Willen und besseren Wissens, gegen seine eigene idyllische Systematik am Ende nur die Fragmentalität der frühromantischen Aphoristik spekulativ abgesegnet.

H. Schmitz sieht im romantisierenden Novalis einen Bruder Hegels, um "das Ewige und Unendliche, allem Fortschritt zuvorkommend, in den gegenwärtigen Augenblick einzuholen", eine "Raffung der romanti-schen Ironie" in die unerschöpfliche "Rose im Kreuz der Gegenwart" zwischen Dichter und Denker.

Ist es so, wie es zu sein beansprucht? Soweit Wahrheit eine Entsprechung von Sache und Sprache meint, bedeutet sie eine nicht unbedeutende Form des Idylls, und das Nichtidyllische wäre dann nur das Falsche. Hegels Idee, als endgültige Einheit von Begriff und Realität, von Natur und Geist, ist eben die wahre Kultur-Idylle in Kunst, Religion und absoluter Wissensphilosophie, welche alle nicht-idyllischen Un(ter)wahrheiten gut in sich aufgehoben hat. Jede Theorie in ihrem Geltungsanspruch will somit, ob ausdrücklich oder uneingestanden, auch eine Kultur-Idylle sein in Kongruenz mit Natur und Realität, als ewiger Einstand von Verstand und Gegenstand. Also nicht erst die Identitätsphilosophien, sondern auch bereits die bloßen Theorien als solche beanspruchen idyllische Kongruenz mit der Wirklichkeit und sind in ihrer "Weltfremdheit" oft doch eher Objekte möglicher Satiren. Man spricht oft und gern von "trügerischen Idyllen", doch Satiren können ebenso über Idyllen hinwegtäuschen, weil sie die Wirklichkeit allzu oft an geschichtlich überholten oder widerlegten Normen messen, wie Adorno in "Juvenals Irrtum" („Minima moralia") zeigte.

Hegels Staatssystem fällt immer in die Fragmente der frühromantischen Ironie, in die "Freiheit der Leere" zurück und auseinander, ebenso wie die „dreipolige" in die „zweipolige" Dialektik. Das Unendliche begrenzt sich fragmentarisch, und das Fragment entgrenzt sich romantisch. Romantische *Verausgabung* und fragmentierte *Zurücknahme* schieben sich bei Novalis zu schwebender Imagination zusammen: Es gibt nicht mehr - wie bei Fichte - eine Ichsubstanz, die ins Schweben kommt, sondern "Ichsein ist Schweben" der Einbildungskraft - ohne Fichtes Anstoß von außen - eine unendlich fragmentierbare idyllische Schwebung ohne festes Standbein und ohne ziellose Sehnsucht, ein sich ständig relativierendes (Sich-)Behaupten und in jedem Setzen ein Absetzen in *einem* Satz. "Das Ich ist immer mit sich eins und ist immer sich selbst entgegengesetzt - ist Ein und dasselbe gesagt." "Er soll ewig existieren und ein schön gesetztes Individuum sein und verharren."

Der wahre Idylliker laut Schiller habe nicht "den Geist auszuschließen, um mit dem Herzen ein leichteres Spiel zu haben. Er führe uns nicht rückwärts in unsere Kindheit, um uns mit den kostbarsten Erwerbungen unseres Verstandes eine Ruhe erkaufen zu lassen, die nicht länger dauern kann als der Schlaf unserer Geisteskräfte, sondern führe uns vorwärts zu unserer Mündigkeit, um uns die höhere Harmonie zu empfinden zu geben, die den Kämpfer belohnet, die den Überwinder beglückt." (Müssen es gleich Kämpfer und Überwinder sein, oder tun es nicht auch schon "Dichter und Denker"?) - "Er mache sich die Aufgabe einer Idylle, welche jene Hirtenunschuld auch in Subjekten der Kultur und unter allen Bedingungen ... des ausgebreitetsten Denkens, der raffiniertesten Kunst, der höchsten gesellschaftlichen Verfeinerung ausführt, welche, mit einem Wort, den Menschen der nun einmal nicht mehr nach *Arkadien* zurück kann, bis nach *Elysium* führt." (Friedrich *Schiller: "Über naive und sentimentalische Dichtung",* Stuttgart 1989, Seite 73) "Ruhe wäre also der herrschende Eindruck dieser Dichtungsart, aber Ruhe der Vollendung, nicht der Trägheit ... " "Die höchste Einheit muß sein, aber sie darf der Mannigfaltigkeit nichts nehmen; das Gemüt muß befriedigt werden, aber ohne daß das Streben darum aufhöre. Die Auflösung dieser Frage ist es

eigentlich, was die Theorie der Idylle zu leisten hat."
(S. 74) Aber ist Miltons „*Paradise Lost"* darum die
schönste unnaive Idylle und gegen Geßners Hirten
auszuspielen?

In aller Problemglobalität gibt es – gegen Hegels
Mängelrüge des Naturschönen und der "idyllischen
Geistesarmut" – partikular begrenzte, gnomische und
bukolische Insellösungen: "Das Kleine und Leichte war
das einzig vollendbare Paradies, oder umgekehrt, von
der besten Welt konnte es nur Miniaturen geben."
(Siehe: "Idyllen der Deutschen", hg. *H. J. Schneider*,
Nachwort: "Die sanfte Utopie. Zu einer bürgerlichen
Tradition literarischer Glücksbilder", Frankfurt am Main
1978, S. 356.)

Die systemimmanente Systemtranszendenz, die kleine
Welt *in* der großen Welt *gegen* sie: Erst die totalisierte
Idylle wäre ein ideologischer Schleier über das Gegenteil. Nach Geßner und Goethe: „Bescheidene Häuslich-
keit, vor allem Weiblichkeit, und die Aspirationen eines
humanistischen Bildungsbürgertums wurden normativ
stilisiert, oft liebenswert, aber ohne Energie." (S. 368)
„Mörike ist es auch gewesen, der arkadisches Glück
allein in den Akt des Dichtens legte, in dem es bei
Theokrit, den er übersetzte, seinen Ursprung hatte."
(369) „Er kann auch als - einziger deutscher - Vorläufer
des elitären Dichter-Arkadien (Stefan) Georges gelten,
dessen Hirtengedichte (1895) Dichter-Gedichte sind"
(415), und damit ein Vorläufer der "absoluten Poesie"
um Mallarmé und Valéry. Elysische Kunstschönheit und
aphoristische Witzweisheit gegen jede bürgerliche Nutz-
rechnung: Jean Pauls skurrile Käuze waren meist
poetische Hirten und nicht selbst das von ihnen doch

reichverklagte "Verhängnis im Schlafrock" (Nietzsche). Bei dem aufgeklärten Bildungsaufsteiger Johann H. Voß betreten die Arbeitssklaven zum ersten Mal die lieblichsten Idyllenorte mit erzsozialen Ansprüchen. Sein proletarischer Gelehrtenhumanismus ist in Wahrheit schon selbst die Revolution, die er angeblich nur kompensatorisch ersetzt haben soll. Außerdem erkennt Johann Voß die kosmopolitisch naturnahe Familienintimität als das wirksamste Widerstandsnest gegen die entwaffnenden Kollektivierungen und höfischen Vergesellschaftungen. Daß eine patriarchalische Gnade von oben dem humanistisch gebildeten Leibeigenen von unten, vom bürgerlichen Dorfpfarrer vermittelt, in antikisierenden Hexametern idyllisch entgegenkommen muß, hat fast schon satirische Ironie. Der homerische Schweinehirt Eumaios siegt humanistisch - eine naive "Ruhe der Vollendung" (Schiller) statt der Friedhofsruhe der Trägheit, statische Kultur-Idyllen in einer sanften Kulturlandschaft, jenseits von Klassendifferenz und Kriegsgeschrei, Arbeitswelt und Ausbeutung, Herrschaft und Staatsräson. Vielleicht hat Goethes spätidyllisches Bürger-Epos "Hermann und Dorothea", das den Citoyen doch gegen den Philister und gegen den Jakobiner zugleich stärken wollte, ihn stärker geschwächt als der bildungsbürgerliche Behaglichkeitsmythos von Vossens klassizistischen Leibeigenen-Idyllen.

J.H. Voß setzte ja die heroische Bildungsaristokratie des Sklaven gegen den höfischen Feudalismus ein, und dies könnte ein klassenbewußt progressives Zukunftsprojekt bis heute sein. Spötter monieren, nicht der Pfarrer, sondern der Frührentner sei der "vielleicht schönste Gegenstand einer modernen Idylle" (Goethe), aber die Kirche hat längst die Funktion vergessen, die ihr der norddeutsche Altphilologe Johann H. Voß, Sohn eines freigelassenen Leibeigenen, im 19. Jahrhundert einmal zugedichtet hatte. Geistesadlige Hirten, Landarbeiter und Bildungsbürger sind als botanisierende Naturspaziergänger noch nicht entpolitisiert: Man kann ja doch nichts ändern, weiß das Volk und ist damit weiser als seine ewigen Demagogen.

Vielleicht verhält sich das (weiblich) Idyllische zum (männlich) Aphoristischen nicht nur ähnlich wie „Logik und Natur" zum unversöhnten „Geist" in Hegels System, sondern auch wie das (liebenswürdig) *Schöne* zum (sublim) *Erhabenen* in Kants Urteilskraft, also wie das folgerichtig Zusammenhängende zum einschneidend Überraschenden. (Die Verbindung von (französisch) Schönem und (englisch) Sublimem sah Immanuel Kant in deutscher Prachtliebe verwirklicht.)

Historisch beschränkte sich das Ästhetische wohl gut idealistisch immer mehr auf das ansehnlich Schöne im runden System, das Schöne (als Einheit von Imagination und Verstandesbegriffen) dann auf das klassizistisch bis biedermeierlich Idyllische und das Erhabene (als Widerstreit von Einbildungskraft und Vernunftideen) am Ende auf die ätzsatirische Erzkritik an prachtkolossalischen Erhabenheitsformeln. Napoleons Schritt vom Erhabenen zum Lächerlichen ist so kurz, wie das Lachen sich über Lachhaftes erhebt. Kant schrieb („Kritik der Urteilskraft", § 25): „Erhaben ist das, mit welchem in Vergleichung alles andere klein ist", und dieses Kleine wird bei Adorno zum Erhabenen selbst im Vergleich zum schönen runden Riesensystem der (industriellen und sittlichen) Naturbeherrschung.

Schön war für Kant das Gottgegebene, erhaben das uns darin Aufgegebene. Der „gestirnte Himmel über mir" wirkt erhaben, soweit er noch zu klein ist, um das „moralische Gesetz in mir" auch nur zu symbolisieren. Wo Es (erhabene Wildnis) war, soll Ich (schöner Garten) werden. „Das Schöne bereitet uns vor, etwas, selbst die Natur, ohne Interesse zu lieben; das Erhabene, es, selbst wider unser (sinnliches) Interesse, hochzuschätzen" und „sich die Unerreichbarkeit der Natur als Darstellung von Ideen zu denken." (§ 29) Schiller 1800: „Die Schönheit ist für ein glückliches Geschlecht, aber ein unglückliches muß man erhaben zu rühren suchen".

Für Adorno war zu Kants Zeiten „bereits die Bewegung des Erhabenen auf seine Negation hin einbeschrieben" („Ästhetische Theorie", Frankfurt a. M. 1970, S. 296). „Erhaben sollte die Größe des Menschen als eines Geistigen und Naturbezwingenden sein." (Seite 295) Dessen jedoch „muß Kunst sich schämen und das Nachhaltige, welches die Idee des Erhabenen wollte, umkehren." (296) Theodor Adorno erkannte als wahres „Interesse des Erhabenen" die „Gerechtigkeit gegenüber dem Heterogenen" und eine menschliche „Selbstbesinnung auf sein eigenes Naturhaftes" (292). Immer „mehr zieht sich Kunst ins Moment des Erhabenen zusammen" (293). Das echte „Erbe des Erhabenen ... (ist) die ungemilderte Negativität" der Kunst (S. 296). „Werke, in denen die ästhetische Gestalt ... sich transzendiert, besetzen die Stelle, welche einst der Begriff des Erhabenen meinte." (292) „Der Geist erfährt sich als sinnlich nicht Darstellbares, ihr Material ... als unversöhnbar mit ihrer Einheit des Werkes." (292) „Kants Askese gegen das Ästhetisch-Erhabene antezipiert objektiv die Kritik des heroischen Klassizismus"

(296). Kunst als menschliche Schöpfung oder Natur als Kunstwerk Gottes?

Sehr schön sagt Manfred Seel: „Am Schönen, sagt Kant, erfährt der Mensch die Welt, als ob sie für ihn bereitet wäre. Am Erhabenen, sagt Kant, erfährt der Mensch die Welt, ... als ob sie von ihm erst zu entwerfen wäre." (149) Mit dem „Glauben an den Vorrang des Moralischen vor dem Ästhetischen" falle auch der an den Urunterschied von schön und erhaben. „Das profane Geheimnis von der positiven Mission einer negativen Dialektik" (155) des Erhabenen liegt für Seel in bloßer „Interdependenz der innerweltlichen Perspektiven" statt in „totaler Integration" oder gar vertikaler Transzendenz, die er bei Lyotard argwöhnt. Welsch beeilt sich, den modernen Adorno und den postmodernen Lyotard gegen jeglichen metaphysischen Verdacht zu verteidigen. „Adorno ist melancholisch" und „Adornos Werk ist ... durch die Nostalgie geprägt", schrieb Lyotard und verfiel dann depressiven Sinnverlustspielen.

Das Qualitätssiegel der Erhabenheit und feinsinnigen Hoheit wandert aber nur dann mit Fug und Recht von gesellschaftlicher Naturbeherrschung zur rehabilitierten Natur selber zurück, wenn diese Natur als Gottes Schöpfung verstanden und respektiert wird und nicht nur als Rohstoff (und Grenzwert) menschlicher Gegenschöpfungen. Das jedoch leistet ausgerechnet Hegels Kritik an Kants dritter Kritik ungleich viel besser als sein nietzscheanischer Kritiker Adorno - von den Nietzsche-Epigonen Lyotard, Welsch und Seel ganz zu schweigen. Das Recht von Adornos Kritik an Kants ästhetischer Urteilskraft, das rehabilitierte Naturschöne auch und gerade *im* Kunsterhabenen, kommt allererst in Hegels ästhetischer Kantkritik ganz zu sich, und das ist die eigentlich „sublime" Ironie dieser schönen Geschichte. Begreifen wir Kunst als Schöpfung des Menschen oder Natur als Kunstwerk Gottes?

Im Erhabenen sah Hegel ein „Hinaussein" der Idee über das sinnlich Konkrete und Adorno ein Hinaussein des sinnlich Konkreten über die Idee. „Das Erhabene überhaupt ist der Versuch, das Unendliche auszudrücken, ohne in dem Bereich der Erscheinungen einen Gegenstand zu finden, welcher sich für diese Darstellung passend erwiese." *(Hegel:* „Ästhetik", Frankfurt am Main 1955, Bd. 1, S. 353) Das Ideelle von Gott, Freiheit und Unsterblichkeit „bleibt seiner Unendlichkeit nach unaussprechbar und über jeden Ausdruck durch Endliches erhaben." (eb.) Das „ist die *Erhabenheit,* welche wir daher nicht, wie Kant es tut, in das bloß Subjektive des Gemüts und seiner Vernunftideen hineinverlegen dürfen, sondern in der einen absoluten Substanz als dem darzustellenden Inhalt begründet auffassen müssen." (S. 354) „Das .... Preisen der Macht und Herrlichkeit des *einen* Gottes treffen wir als die eigentliche Erhabenheit in der hebräischen Poesie", wo in den Psalmen das, „was da ist, mit all seinem Glanz, seiner Pracht und Herrlichkeit nur als eine dienende Akzidenz und als ein vorübergehender Schein im Vergleich mit Gottes Wesen und Festigkeit dargestellt ist." (355) [„Im Indischen ist alles Wunder und deshalb nichts mehr wunderbar." (Seite 365) Solche „Erhebung des Gemüts" durch die Natur als das Kunstwerk des erhabenen Absoluten blieb aber Adorno verschlossen.

Martin Seel macht Verdacht, das Kontemplative immer nur *innerhalb* der produktiven und kommunikativen Praxis zu wollen, niemals *ohne* sie oder gar *gegen* sie - also immer nur als mittelstandshedonistische Regenerationspause und beamtensybaritisches Stresskorrektiv, als Lebensbereicherungstechnik der Überprivilegierten statt als dezidierten Gegenentwurf zu einer sich verabsolutierenden Welt industrieller Fabrikation und sozialen Engagements. Adornos Perhorreszierung von Zweckrationalität meint ja nur die Hegemonie „instrumenteller Vernunft" und geißelt ganz zu Recht die Erhebung der Lebensmittelbeschaffung zum Lebensselbstzweck.

M. Seel hingegen genügt es, „im Dabeisein nicht ganz dabei zu sein." (a. a. O., S. 18) Bei Habermas sei die individuelle nur durch intersubjektive Selbsterhaltungspraxis ersetzt, „Adorno aber setzt kompromissloser an" (S. 37) mit „weltfremder Abkehr von ... strategischem Verhalten" und mit „statischen Miniaturen" (38), die für Seel viel zu end- und überzeitlich bleiben, weil ihre „romantische Ausflucht" (63) nur scheinhafte „Ruhe vor der Bedrängnis des gesellschaftlichen Daseins" (62) suche. „Nicht Kooperation und Kommunikation", sondern „Kontemplation würde dort zum Inbegriff von Praxis." (36) Hier sieht er Adorno der „Gefahr einer krassen Vereinseitigung" (61) und der „marxistischen Illusion" eines „*Reichs der Freiheit* auf der Basis eines automatisierten *Reichs der Notwendigkeit"* (63) erliegen: „Wenn nur noch die ästhetische Kontemplation - das Hören von Musik oder der absichtslose Blick gen Himmel - als wahre Praxis gilt, kann von wahrer Praxis überhaupt keine Rede mehr sein." (62) Hier setzt der Ideologiekritiker Adorno eben kompromissloser an als der Mittelstands-Eudämonist Seel.

„Kontemplation ist ein Restbestand fetischistischer An-
betung und zugleich eine Stufe von deren Überwindung."
(Adorno: „Minima moralia", Frankfurt/ Main 1973, S.
301) „Die reine Tathandlung ist die auf den gestirnten
Himmel über uns projizierte Schändung. Der lange
kontemplative Blick jedoch, dem Menschen und Dinge
erst sich entfalten, ist immer der, in dem der Drang zum
Objekt gebrochen, reflektiert ist. Gewaltlose Betrachtung,
von der alles Glück der Wahrnehmung kommt, ist
gebunden daran, daß der Betrachtende nicht das Objekt
sich einverleibt: Nähe an Distanz." (S. 111 f.) „Das Ziel
richtiger Praxis wäre ihre eigene Abschaffung."
(„Stichworte", Frankfurt/Main 1969, Seite 178) „Das
Unmenschliche daran, die Fähigkeit, im Zuschauen sich
zu distanzieren und zu erheben, ist am Ende eben das
Humane, dessen Ideologen dagegen sich sträuben."
(„Negative Dialektik", Frankfurt/Main 1970, S. 354).
„Glück wäre über der Praxis." („Ästhetische Theorie",
Frankfurt/Main 1970, S. 26)

Eine Metaphysik mit nur physikalischen Naturgesetzen
hatte sich für Kant als ebenso unmöglich erwiesen wie
eine vernünftige Welt mit nur praktischen Sitten-
gesetzen. Die *praktische Vernunft* geht so wenig über
den bloß guten Willen hinaus wie die *reine Vernunft*
über sinnliche Erscheinungen. Das Ganze aller Sinnes-
objekte ist für Kant nicht selbst ein Sinnesobjekt u. a.
und bloß gute Gesinnung noch kein Erfolgsgarant für
bessere Welten.

Ein Naturgesetz ist „sinnliches Schema" des intelligiblen
Freiheitsgesetzes: Wäre deine Willensmaxime noch
möglich, *wenn* sie zum Naturgesetz würde? Aber der

gute Wille allein hat keine Macht über Handlungserfolge. Die Urteilskraft, die konkrete Einzelfälle auf allgemeine Ideen hin beurteilt, resigniert schließlich und sucht nur noch pure Natur jenseits der mathematischen Naturwissenschaft *und* der „eschatologischen Geschichtstheorie": „Wo die Ästhetik ihre Bindung an die Geschichtsphilosophie löst, gerät sie zwangsläufig in die Bindung an die Naturphilosophie", um „sie schließlich zur Hauptphilosophie zu machen und damit potentiell zur Lebensphilosophie überzugehen", wo naturwissenschaftliche Rationalität *nicht mehr* und historische Rationalität *noch nicht* ganz tragfähig sei. *(Marquard:* „Kant und die Wende zur Ästhetik" – In: „Aesthetica und Anaesthetica", Paderborn 1989, Seite 32)

Aber auch eine gute Urteilskraft bringt es eher zu bloß ästhetischer Versinnbildlichung als zu politischer Realisierung der Vernunftideen, bis sie kapituliert und dort endet, wo sie begann: mit Mimesis der göttlichen Schöpfung, die Marquard ignoriert, statt mit allfälliger Konstruktion schöner neuer Welten.

„Spielerische Identifizierung" (H. Schmitz) von etwas *als* etwas, völlig losgelöst von allen Tatsächlichkeitsansprüchen, ermöglicht Fiktionen unabhängig von allen Mimesisforderungen. Realismus in Künsten heiße die Nachahmung inflationärer sozialer und wissenschaftlicher Fiktionalitäten durch ästhetische Fiktivwelten - wie eine zweite Natur. Marquard kritisiert Friedrich Schillers Weg von politisch inpraktikablen Vernunftideen zur kulturell restituierbaren Naturunmittelbarkeit durch „ästhetische Erziehung" von Spieltrieben in Intellektuellenzirkeln statt in ökologisierten Gesamtgesellschaften:

Kulturrevolution wird leicht Surrogat statt Propädeutik fälliger Sozialrevolutionen, wie er wohl weiß und will.

Ob Kants Philosophie der Naturschönheit, der genialen Naturbegabung und der organischen Naturzwecke nun wirklich über Schopenhauers Sexwillen und Nietzsches Machtwillen zu der Lebens- und Existenzphilosophie übergehen müsse, wie Odo Marquard insinuiert, bleibe dahingestellt, aber im 20. Jahrhundert gab es durchaus noch so etwas wie eine *Naturmetaphysik* (etwa phänomenologisch bei Conrad-Martius), eine *Naturästhetik* (etwa bei Martin Seel), auch *Naturteleologien* (etwa bei Robert Spaemann oder bei Reinhard Löw) und *Naturpoesien* (siehe bei Lehmann, Huchel, von der Vring, Krolow etc.)

In heutigen Kunststoffwelten wird Kunst selber wieder zu Naturerfahrung. Gottes Schöpfungswerk hat reichere Dimensionen als den sozialdarwinistischen Existenz-kampf-aller-gegen-alle, der von Hobbes lediglich von der Gesellschaft auf den Naturzustand projiziert scheint, um jeden Staatsleviathan dagegen zu rechtfertigen. Selbst Rousseaus Präromantik verklärte nur eine schon naturwissenschaftlich stilisierte Natur, wie R. Spaemann zeigte.

Marquard und Blumenberg schlagen auf einen erst zurechtdämonisierten Popanz Natur ein, um die gut-bürgerlichen „Üblichkeiten" dagegen besser nobilitieren zu können. Aber der rohe Kampf aller gegen alle, den sie mit Hobbes in Gottes freier Natur sehen wollen, tobt eher in jener bürgerlichen Konkurrenzgesellschaft, die sie leviathanisch dagegen aufbieten. Schon für Kant war Vernunft *das* Top-Mittel, zum Naturparadies zurückzu-gelangen.

Im Zeitalter allgegenwärtiger hilfskonstruktivistischer Fiktionen, heuristischer Arbeitshypothesen und Als-ob-Postulate wagte Odo Marquard die Fiktion: Autonome „Kunst ist dann - als Antifiktion, als Zuflucht der Theoria - die Enttäuschung des nur Fiktiven durch das Sehen des Übersehenen *(sc. am natürlich Gegebenen)* mit jener prekären Glücksmöglichkeit, die jetzt von der Theoria an die Kunst übergeht" durch „Ersparung von Selbstbornierungsaufwand" (a.a.O., S. 98 f.). „Dabei tendiert, meine ich, die Kunst zur Kontemplation" von Gottes Schöpfung (die er ignoriert), wogegen alle Welt brandneue eigene Welten fingiere, um dann diese Konstruktivität vor sich selbst wieder zu verbergen und als (zweite) Naturproduktivität auszugeben.

Die Geisteswissenschaften fungieren als Schadenersatz für unumgängliche Naturwissenschaftsfolgen, und langsame Künste kompensieren die *Weltentzauberung* durch ultraschnelle Technologien. *Mit* Adorno teilt Marquard den neuheidnischen Abwehrkampf des demokratischen Pluralismus wider den biblischen Monotheismus, *gegen* Adorno fühlt er sich von säkularisierten Weltgerichten polit-eschatologischer Sozialkritiker „übertribunalisiert".

Er kritisiert diese vermeintlich totalitäre Totalitätskritik. Eine *Kritik Gottes* heißt aber für sie beide und andere: Sie kritisieren, von Gott kritisiert zu werden. Der modernistische Liberalkonservative verteidigt bürgerliche „Üblichkeiten" gegen vermeintliche „Übertribunalisierung" durch „Kritische Theorien". Wo die Vormoderne einen barmherzigen Weltschöpfer anerkennt, sieht der neopaganische Bildungsbürger nur „Weltvernichtung durch Weltgericht". Es bleiben „Exile der Heiterkeit" (a.a.O., Seite 47 ff.): Philosophie-Beamte haben — bei aller professionellen Melancholie — immer gut lachen und bringen ihre Hörer und Leser gern zum Lachen: populus nobis haec otia fecit.

Laut Kant kann niemand klar erkennen, wie eine gute Einzelhandlung sich auswirkt auf die Welt im Ganzen - die ihrerseits niemals ein einzelnes Sinnesobjekt werden könne, - und muß jeder so handeln, *als ob* die Naturzwecke den Vernunftzielen entgegenkommen. Das Ganze der Welt läßt sich im Einzelkunstwerk nur mikrokosmisch spiegeln, das Schöne sei nur ein Symbol und eine Chiffre des Guten. (siehe „Kritik der Urteilskraft", § 59)

„Wir müssen - meint Kant - handeln, *als ob* Gott existierte; wir müssen Gott postulieren, um zuversichtlich bleiben zu können, daß über Folgen und Nebenfolgen des sittlich unbedingten Handelns hinweg ein guter Ausgang der Dinge sich herstellt." (a.a.O., S. 85) Menschliche Theorie kann nicht das Ganze (aller Dinge *und* aller Aspekte jedes Dinges) erkennen, Moral-Praxis das Rechte nicht in der ganzen Welt ganz realisieren und die ästhetische Urteilskraft es bloß metaphorisch darstellen oder teleologisch vorgezeichnet finden. Vernunftpostulate von Gott, Freiheit und Unsterblichkeit bilden für Kant keine bloß zufälligen „Helfer" (auf die er sich kaum verlassen mochte), wie Marquard interpretiert, sondern intelligible „Bedingungen der Möglichkeit" geschichtlicher Vernunftverwirklichung und Idealrealisation bis in letzte Herzensfalten und Weltverästelungen hinein.

Wo es nicht nur um „äußere Legalität", sondern um „innere Moralität" der Handlungen" geht, muß es „also ein Anderer als das Volk sein, der für ein ethisches gemeines Wesen als öffentlich gesetzgebend angegeben werden könnte", da sonst „nicht freie Tugend, sondern zwangsfähige Rechtspflicht sein würde". „Also ist ein ethisches gemeines Wesen nur als Volk unter göttlichen Geboten, d.i. als ein *Volk Gottes,* und zwar nach Tugendgesetzen, zu denken möglich." *(Immanuel Kant:* „Die Religion innerhalb der Grenzen der bloßen Vernunft", 3. Stück, 1. Abt., Kapitel III) q. e. d.

"Dieser Vorzug der Naturschönheit vor der Kunstschönheit, wenn jene gleich durch diese der Form nach sogar übertroffen würde ... stimmt mit der geläuterten und gründlichen Denkungsart aller Menschen überein, die ihr sittliches Gefühl kultiviert haben." (Kant: „Kritik der Urteilskraft", § 42) Gegen Kunstreligionen rehabilitierte Adorno mit Kant das Naturschöne ohne Naturschutzparks in seiner "Ästhetischen Theorie", Frankfurt/Main 1970.

Zu Jean Pauls nicht giftidyllischem "Vollglück in der Beschränkung" : "Die Figur des Beschränkten beglückt, weil der Zwang des Beschränkenden nicht vergessen werden darf; seine Bilder sind ein Memento." "Was an Natur als ein der Geschichte Entrücktes und Ungebändigtes erscheint, gehört polemisch einer geschichtlichen Phase an, in der das gesellschaftliche Gespinst so dicht geworden ist, daß die Lebendigen den Erstickungstod fürchten." (S. 102) "Natur als erscheinendes Schönes wird nicht als Aktionsobjekt wahrgenommen." "Kunst ist nicht Natur, aber will einlösen, was Natur verspricht." (103) "Der stets noch idyllische Naturbegriff bliebe auch in seiner tellurischen Expansion, dem Abdruck totaler Technik, der Provinzialismus einer winzigen Insel" (107) und taugte nicht zur Verallgemeinerung. "Kunst ist ... Nachahmung des Naturschönen." "Naturschönes ist sistierte Geschichte, innehaltendes Werden" (S. 111), "unbestimmbar, darin der Musik verwandt". "Urbild des Banausen bleibt, wer gegen das Schöne in der Natur blind ist." (113) "In Kunst wird ... das Unsagbare der Sprache von Natur imitiert." "Das Naturschöne ist die Spur des Nichtidentischen an den Dingen im Bann universaler Identität." (114) "Das Bild des Ältesten an der Natur ist umschlagend die Chiffre des noch nicht Seienden, Möglichen." "Kommunikation ist Anpassung des Geistes an das Nützliche." (115) "Kunst möchte mit menschlichen Mitteln das Sprechen des nicht Menschlichen realisieren", ja, die "Sprache der Schöpfung" dolmetschen. "Ist die Sprache der Natur stumm, so trachtet Kunst, das Stumme zum Sprechen zu bringen" (121), statt dessen sinnfremde Kontingenz kontemplativ auf sich beruhen zu lassen. "Natur hat ihre Schönheit daran, daß sie mehr zu sagen scheint, als sie ist. Dies Mehr seiner Kontingenz zu *entreißen*, seines Scheins *mächtig* zu werden ... als unwirklich auch zu negieren, ist die Idee von Kunst" (122), also wieder nur Gewalt? Adorno nennt die "Unabbildbarkeit des Naturschönen", das selber Bild sei, und die "mikrologische Wahrnehmung von Schönem in der Natur wohl die authentischste" (110), weil "Trost in der erscheinenden Natur vom Mythos sich entfernt" (115) Hegels "Klassizismus" findet in der "Dürftigkeit der Natur und der Prosa" nur "Regelmäßigkeit, Symmetrie, ferner Gesetzmäßigkeit und endlich Harmonie" wie in den Kultur-Idyllen, die er ganz ebenso wie Adorno ideologiekritisch schmähte.

"Das Elend vieler Theorien der Kontemplation rührt daher, daß ihre Verfechter nur zu gern auf dem Zimmer geblieben sind." (*Martin Seel:* "Eine Ästhetik der Natur" (Frankfurt/M. 1991 / 1996, S. 47) "Leidenschaft für die leidenschaftslose Betrachtung allein" (Seite 89) und zeitweiliges "Absehen von aller Relevanz erklärt das kontemplative Urteil für höchst relevant." (88) "Ein Ereignis, kein Erzeugnis": "Je stärker die Natur von menschlichen Eingriffen durchwachsen oder aus ihnen hervorgegangen ist, desto wichtiger wird das, was an ihr Natur und nicht Veranstaltung ist ... Man kann nicht einerseits die Anerkennung des Fremden der Natur und anderseits eine totale Ästhetik des Gartens predigen." (131) – "Ästhetische Natur ist Kultur der Distanz zur Kultur" (132), "eine zuvorkommende oder überbietende oder abweisende Antwort auf unsere Lebensvorstellungen". "Kunst als Anti-Natur ist Kunst einer anderen Natur." (168) "Was einmal so schien, als wäre es eine Geßnersche oder Vossische Idylle, ist ... geworden: zu einem Ort, der nur noch idyllisch *ist,* nicht länger wie eine künstlerische Idylle *scheint.*" "Der englische Garten entsteht als Nachahmung einer bei Malern wie Lorrain, Poussin, Rosa imaginierten Natur" (176). "Nur wo Kunst war, kann ästhetische Natur werden." (Oscar Wilde) — "Adornos Rückfall in die klassische Nachahmungsthese ist zugleich ein Rückfall in die Metaphysik der korresponsiven Natur" (181): „Unerfüllbarkeit der Sehnsucht nach einer endgültigen Sprache der Dinge." (184) Martin Seel sagt, "daß Natur sich dem ästhetischen Sinn einmal sinnfremd, einmal sinnhaft, einmal sinnbildlich bietet" (191), also für die "kontemplative Neutralisierung", "existenzielle Involvierung" und "projektiv-imaginative Korrespondenz". "Den Bodensee zu kontemplieren, ihn als

anmutige Gegend zu genießen, ihn als Spiegel kunst-
gegebener Wahrnehmungsweisen zu betrachten –
zusammen stellt das die Aufmerksamkeit für die Attrak-
tion der Seelandschaft dar." (192) "Entsprechend ist das
naturschöne Ding gleichzeitig sinnhafte Geste, bild-
sinnliches Zeichen und sinnfremde Erscheinung." (196)
Kontemplative Betrachtung werde "über die schöne
Versenkung zur erhabenen Entrückung hinausgelockt"
(201). "In der Idylle faszinieren uns die Erscheinungen,
in der Hölle fasziniert uns unsere Empfänglichkeit für
die Erscheinungen." (211) "Ambivalenz ist die Natur
der ästhetischen Natur." (212) "Natur, die mit Sicherheit
schön ist, ist mit Sicherheit keine Natur." (214) "Kulturlandschaft", "tragend-einschließende Korrespondenz-
schönheit", sei eine "Gegenwelt", aber nicht zu unserer
Alltagswelt, sondern mitten *in* ihr. "Stadtlandschaft in
vollem Sinn bildet sich da, wo eine Stadt in ihren
Ordnungen aus ihren Ordnungen tritt." (235) "Wir
suchen in der Natur immer auch eine Wirklichkeit
außerhalb der Geschichte, wir suchen in der Kunst
immer auch eine Geschichte außerhalb der Wirklichkeit." (274)

"Die (Praxis-)Abstinenz der philosophischen Theorie
ist Abstinenz durch mehr oder minder extreme
Reflexion, die Abstinenz der ästhetischen Kontemplation ist Abstinenz durch extreme *Anschauung."*
(a. a. O., Seite 315) Philosophische Kontemplation ist für
Schopenhauer allerdings reine Anschauung und nicht
Reflexion. "Um Element eines gelingenden Lebens zu
sein, muß die theoretische Beschäftigung im Begreifen
von Praxisformen liegen, denen selbst ein autonomer
innerer Sinn zukommt." (315) Eine selbstzweckhaft
gottähnliche Kosmos-Kontemplation, wie Aristoteles das

vorzüglich dianoetisch gelingende Leben versteht, erschöpft sich durchaus nicht primär in Formen bloßer Praxisreflexion, wie es Seel in allzu großer Nähe zur konsensualistischen Habermas-Schule suggeriert, läßt man die spätere Einbettung seiner an feinen Begriffsdistinktionen reichen Naturästhetik in so etwas wie eine eudämonistische Mittelstandsethik (Kapitel VI) einmal beiseite. Seels Konzept krankt außerdem an seinem hartnäckigen, aber zeitgeistig penetranten antimetaphysischen Vorurteil, das bereits die Überzeugungskraft eines antitheistischen Affekts hat. Gegen Seels Stoßrichtung haben Adorno und Schopenhauer nämlich eher zu wenige als zu viele theologische Implikationen.

Wer sich "der Anschauung hingibt, sich ganz in diese versenkt und das ganze Bewußtsein ausfüllen läßt durch die ruhige Kontemplation des gerade gegenwärtigen natürlichen Gegenstandes, sei es eine Landschaft, ein Baum, ein Fels ... sich gänzlich in diesen Gegenstand *verliert*, d. h. sein Individuum, seinen Willen, vergißt und nur noch reines Subjekt, als klarer Spiegel des Objekts bestehend bleibt ... und man also nicht mehr den Anschauenden von der Anschauung trennen kann, sondern beide Eins geworden sind ... wenn also solchermassen das Objekt aus aller Relation zu etwas außer ihm, das Subjekt aus aller Relation zum Willen getreten ist ... In solcher Kontemplation nun wird mit einem Schlage das einzelne Ding zur **Idee** seiner Gattung und das anschauende Individuum zum reinen Subjekt des Erkennens." *(A. Schopenhauer.* "Die Welt als Wille und Vorstellung", § 34). Man ist stets zu schnell bei abstrakten Begriffen, sagt Schopenhauer, der selbst ja immer zu schnell bei anschaulichen Ideen ist, statt bei kontingent vergänglichen Einzelheiten kontemplativ zu verweilen.

"Darum wird auch der von Leidenschaften oder Not und Sorge Gequälte durch einen einzigen freien Blick in die Natur, so plötzlich erquickt, erheitert und aufgerichtet", aber nicht alle sind "gern allein mit der Natur; sie brauchen Gesellschaft, wenigstens ein Buch." (§ 38) Für das "willensfreie Subjekt", "ruhig, unerschüttert und nicht mitbetroffen", ist es "auffallend, wie besonders die Pflanzenwelt zur ästhetischen Betrachtung auffordert und sich gleichsam derselben aufdringt". "Versetzen wir uns in eine sehr einsame Gegend, mit unbeschränktem Horizont, unter völlig wolkenlosem Himmel, Bäume und Pflanzen in ganz unbewegter Luft, keine Tiere, keine Menschen, keine bewegten Gewässer, die tiefste Stille; — so ist solche Umgebung wie ein Aufruf zum Ernst, zur Kontemplation, mit Losreißung von allem Wollen" (§ 39). Schopenhauer schreibt, "daß auch das Unbedeutendste die rein objektive und willenlose Betrachtung zuläßt und dadurch sich als schön bewährt". Er nimmt da Adorno vorweg, denn für ihn ist die Kunst eine "Antizipation Dessen, was die Natur ... darzustellen sich bemüht; welche Antizipation im echten Genius von dem Grade der Besonnenheit begleitet ist, daß er, indem er im einzelnen Dinge dessen Idee erkennt, gleichsam die Natur *auf halbem Worte versteht,* und nun rein ausspricht, was sie nur stammelt ... ihr gleichsam zurufend: Das war es, was du sagen wolltest!"

"Diese Anticipation ist das Ideal: es ist die Idee, sofern sie, wenigstens zur Hälfte, a priori erkannt ist." Arthur Schopenhauer schreibt, daß "Aufhebung des Gattungscharakters durch den des Individuums Karikatur, und Aufhebung des Individuellen durch den Gattungs-charakter Bedeutungslosigkeit geben würde." (§ 45)

"Der Begriff ist abstract, diskursiv, innerhalb seiner Sphäre völlig unbestimmt, nur ihrer Grenze nach bestimmt ... durch seine Definition ganz zu erschöpfen. Die Idee dagegen, ... obwohl eine unendliche Menge einzelner Dinge vertretend, (ist) dennoch durchgängig bestimmt... " "Die Idee ist die, vermöge der Zeit- und Raumform unserer intuitiven Apprehension, in die Vielheit zerfallene Einheit (ante rem): hingegen der Begriff ist die, mittelst der Abstraktion unserer Vernunft, aus der Vielheit wieder hergestellte Einheit (post rem)... " (a.a.O., § 49)

"Außerdem ist, was den Anblick der vegetabilischen Natur uns so erfreulich macht, der Ausdruck von Ruhe, Frieden und Genügen, den sie trägt: während die animalische sich uns meistens im Zustande der Unruhe, der Not, ja des Kampfes darstellt, - daher gelingt es jener so leicht, uns in den Zustand des reinen Erkennens zu versetzen, der uns von uns selbst befreit. Auffallend ist es zu sehen, wie die vegetabilische Natur, selbst die alltäglichste und geringste, sogleich sich schön und malerisch gruppiert und darstellt, sobald sie nur dem Einfluß der Menschenwillkür entzogen ist : so in jedem Fleckchen, welches der Kultur entzogen, oder von ihr noch nicht erreicht ist, und trüge es nur Disteln, Dornen und die gemeinsten Feldblumen." *("Parerga und Paralipomena",* § 213)

Theodor Voss hatte im Nachwort zu Geßners „Idyllen" (Stuttgart 1985) den kritischen Charakter arkadischer

Widerstandskraft von Hirten gegen das schlechte Bestehende seßhafter Hochkulturen zu Recht hervorgehoben. „Mit Sicherheit war niemals ein Ideal in der Praxis so närrisch und falsch wie das Ideal der Praxisbezogenheit." *(Gilbert Keith Chesterton: „Ketzer", 1905)*

„Unsere Studien aber sind Wegzehrung in der Jugend, Labsal im Alter, Glanzlicht in glücklichen und tröstende Zuflucht in unglücklichen Zeiten. Sie sind eine Freude daheim und kein Hindernis unterwegs ... befreien nach dem Urteil bedeutender Männer sogar von der Dienstpflicht gegenüber dem Staat - warum sollten wir uns ihnen also nicht mit staatlicher Erlaubnis widmen." *(Marcus Tullius Cicero)*

„Diese Chance seliger Entlastung in privativer Weitung ... ist die Schönheit ... Die Geneigtheit des Schönen, mit der Enthebungsdistanz gegenüber der Enge die Objektdistanz gegenüber dem Subjekt zu verbinden und damit dem ästhetischen Objekt nahe zu kommen", bringt die Ästhetik bei Hermann Schmitz in greifbare Nähe zur phänomenologischen *Wesensschau* selber, welche die Sinnesqualitäten von allen realen Dingen ganz losgelöst betrachtet: „Man kann sich in der situationslosen Wesensschau durch Ausleibung einem unmittelbar sinnfällig anwesenden Absoluten ganz überlassen ... das ist das Sinnliche der Ausleibung." („Der unerschöpfliche Gegenstand", Bonn 1995, Kapitel 3.2.5, siehe auch: Kapitel 9.6 / 9.7) Das Schöne ist eben das Ansehnliche, und es gehört die sinnliche „Ausleibung zum Weitepol". „Die dem Schönen wesensmäßig eigene Distanz besteht in Entrückung aus der Enge des Leibes und verleiht ihm die Züge des Leichten, zauberisch Unerreichbaren, Seligen, den Nimbus der epikureischen Götter ..."

Weiterführendes vom Autor

„Martin Heidegger – Versuch einer Psychoanalyse seines *Seyns*" (Essen 1993)

„Aphorismen zur Binsenweisheit von morgen"
(Essen 1995)

„Am schnellsten vermehrt sich die Unfruchtbarkeit –
Essays zur Multi-Kulturlosigkeit" (Oberhausen 1998)

„Objektivität durch Subjektivität oder umgekehrt? –
Phänomenologischer Entwurf einer dekonstruierten Erkenntnistheorie" (Hamburg 1999)

„Künste und Wissenschaften als verlorene Paradiese –
Essays zur Bedeutung der Kultur-Idyllen"
(Norderstedt 2000)

„Philosophische Formelsammlung – *Ambivalente Gedankenexperimente und nachsokratische Fragmente*"
(Würzburg 2012)

„Gedankenlesen: Hirnforschung ohne Computer-tomographen – *Philosophie zwischen Wissenschaft, Kunst und Religion*" (Deutscher Wissenschafts-Verlag, Baden-Baden 2013)

„Die Liebhaber der Sophie –
Philosophiegeschichte in Philosophengeschichten"
(Norderstedt 2014)

„Ist *philosophical correctness* eine Kommunikations-wissenschaft? – *Versuch über moderne Versuchungen*"
(Norderstedt 2014)

„Aphorismen zur Zeitaltersweisheit"
(Norderstedt 2014)

„Zur Tiefenpsychologie der Philosophiegeschichte -
Kurze Geschichte der unbewussten Weltanschauungen"
2. überarbeitete und erweiterte Auflage
(Norderstedt 2015)

„Quanten, Quarks und Strings im Kopf –
Eintausend neue Aphorismen" (Norderstedt 2015)

„Die längste Leine trägt die Freiheit –
Faule Zaubersprüche" (Norderstedt 2015)